KUNST HEUTE NR. 14

**Herausgegeben von
Gisela Neven Du Mont
und Wilfried Dickhoff**

Cindy Sherman

im Gespräch mit
Wilfried Dickhoff

Kiepenheuer & Witsch

Zu diesem Band erscheint eine Vorzugsausgabe
mit einer Fotografie von Cindy Sherman,
numeriert und signiert,
I–VII, 1–60

© 1995 by Verlag Kiepenheuer & Witsch, Köln
© 1995 bei den Autoren
Alle Rechte vorbehalten. Kein Teil des Werkes darf in irgendeiner Form
(durch Fotografie, Mikrofilm oder ein anderes Verfahren)
ohne schriftliche Genehmigung des Verlages reproduziert oder unter Verwendung
elektronischer Systeme verarbeitet, vervielfältigt oder verbreitet werden
Buchgestaltung Wilfried Dickhoff, Köln. Umschlagfoto Cindy Sherman, Untitled 1990
Abbildung Seite 32, Karl Wilhelm Boll, Köln
Alle anderen Abbildungen © Cindy Sherman
Lithographie Heinrich Miess, Köln
Gesamtherstellung Clausen & Bosse, Leck
ISBN 3-462-02478-7

Inhalt

Einleitung 9
Das Gespräch 15
Anhang 74

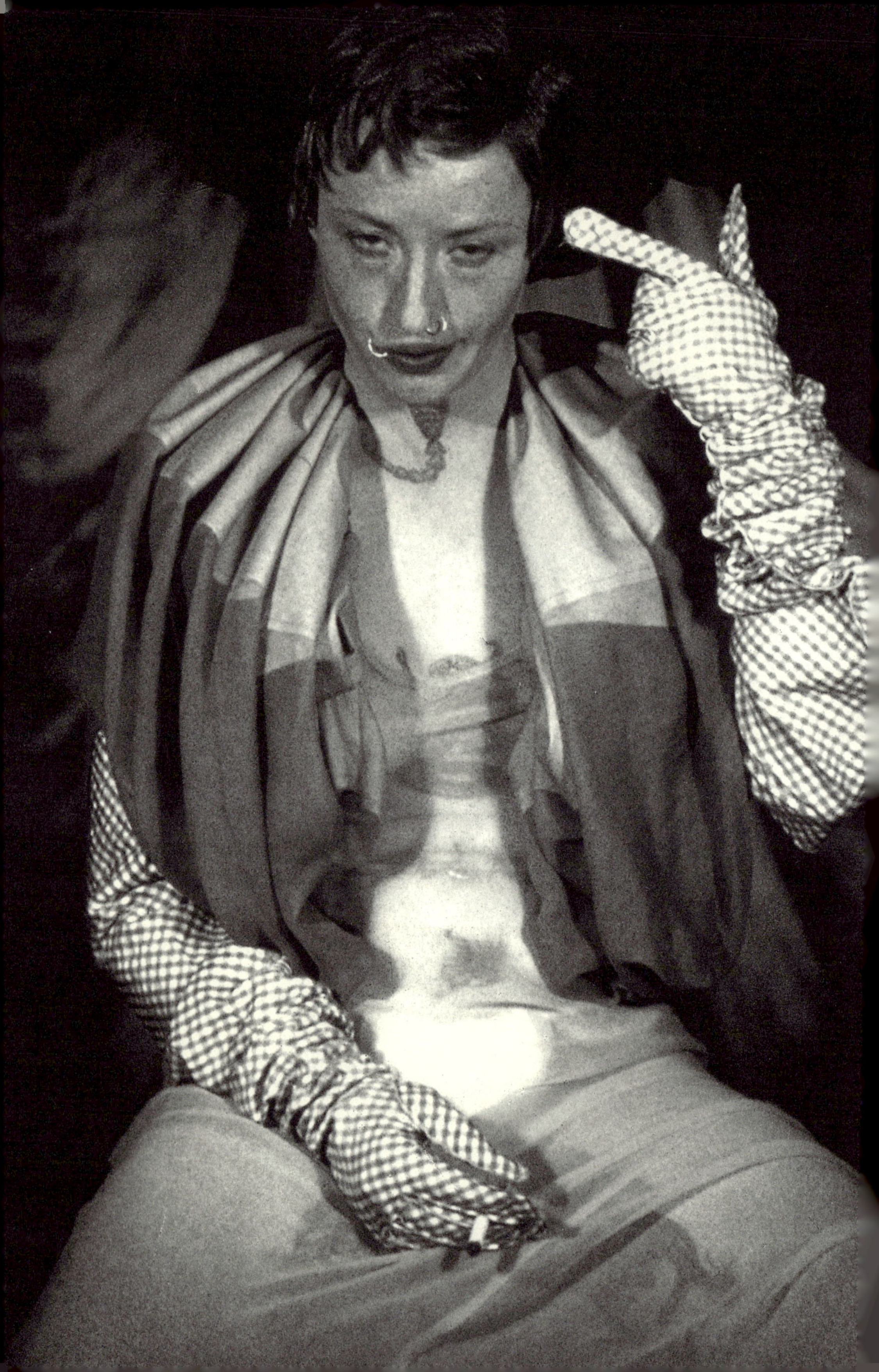

Einleitung

Cindy Sherman wurde 1954 in New Yersey geboren. »Ich war ein Kind, das immer fernsah und dabei etwas anderes machte« (C.S.). Vor allem verkleidete sie sich gerne, schlüpfte in andere Charaktere und überraschte damit Eltern und Freunde. Sie spielte allerdings weniger die Rolle ihrer Mutter, wie es Mädchen oft tun, wenn sie mit Pumps und Kleidern kokett durchs Wohnzimmer stöckeln als erste Vorübungen für die Frauenrolle und/oder als Annäherungsversuch an ein erotisches Körpergefühl und dessen Wirkung. Cindy war auf jeden Fall mehr interessiert an den häßlichen, bösen und angsteinflößenden Figuren aus den Märchen, die sie liebte. Diese Neigung ist in ihrer künstlerischen Arbeit noch bis heute im Spiel. Sie ist aber weder Grund noch Motivation für ihre Fotografien, einfach nur eine persönliche Vorliebe, verbunden mit dem, was man Talent nennt. Eine Disposition, die zumindest dazu beiträgt, daß die Arbeit auch Spaß macht und die sie wie ein Werkzeug oder ein Instrument einsetzt. Dasselbe gilt für die Art, wie sie sich selbst in ihren Fotografien einsetzt. Sie fotografiert meistens sich selbst, aber was dabei herauskommt, sind keine Selbstbildnisse. »Ich sehe mich bloß als Modell, und das ist für mich eine andere Person«.... »Ich versuche immer, in den Bildern so weit wie möglich von mir selbst wegzugehen« (C.S.). Ihr Verhältnis zu sich selbst besteht darin, von sich selbst abzusehen. Das setzt Distanz voraus. Als Fotografie funktioniert das aber nur, wenn man sich gleichzeitig ganz einbringt, das aber wiederum – wie gesagt – in Distanz zum Selbst. Cindy Sherman trägt diesen nur scheinbaren Widerspruch vor der Kamera spielerisch aus. Sie entwirft Szenarien, die sich auf der Bühne des gesellschaftlich Imaginären abspielen, das sich um die Frau, um stereotype Frauenbilder, um die Lücken, Risse und wunden Punkte in diesen sozialökonomisch konstruierten und implantierten Bildern rankt und um die damit verbundenen Einbildungen, Projektionen, Wünsche, Ängste und Hoffnungen. Diese Szenarien berühren alles, was heutzutage postmodisch in Frage steht: den männlichen Blick, das dissoziierte bürgerliche Ich, die Ganzheitsillusionen von Persönlichkeit und sozialer Identität, die Mythen des geschlechtlichen Alltags, des sogenannten anderen, der Abweichung und des Authentischen und den Mythos der Kunst als Überschreitung, creatio ex nihilo und die wiederum daran gebundenen Simulationstricks. Wenn es eine thematische Konstante im Werk von Cindy Sherman gibt, ist es der »fake« in allem. Wenn es eine kritische Konstante im Werk von Cindy Sherman gibt, ist es die Demaskierung der gesellschaftlichen Maskenbildnerei von Identitätszwangsjacken für die sogenannte »Frau«. Wie sie das macht? Sie stellt Bildfallen auf, die nicht nur patriarchalisch konditionierte Seh- und Empfindungsweisen anlocken und ihnen dann die Hose runterziehen. Auch die »kritischen« Sehweisen dieser »reaktionären« Sehweisen, die sich zunächst auf den zweiten Blick mit Recht hier wiederfinden, laufen ins Leere des dritten Blicks, falls sie bereit sind, einen dritten Blick zu riskieren, denn er könnte ihren Wunsch nach Selbstbestätigung ihrer theoretischen Implikationen herb enttäuschen. Cindy Sherman erfüllt alle Erwartungen feministischer Kunsthoffnungen. Aber gleichzeitig enttäuschen ihre Fotos diese auch und lassen sie als gutgemeinte Vereinnahmungsdiskurse unter anderen gutgemeinten

Vereinnahmungsdiskursen in der Traufe rechthaberischer Zuschreibungen stehen.

Cindy Shermans Fotos handeln von all dem, stehen aber letztlich nur für sich, wie jedes gute Kunstwerk. Und nur weil sie sich für sich setzen, können sie überhaupt all das visuell ansprechen. Schön häßlich deplazierte Grotesken, die alles mögliche demaskieren, uns die Maske in allem vorhalten, uns zeigen, daß hinter der Maske nichts Wahres oder Authentisches verborgen ist, und uns dann mit nicht mehr und nicht weniger als einem guten, so noch nicht gesehenen Foto konfrontieren, das einfach ist, was es ist.

Man beschwört immer noch gerne das verlorene Menschliche. In Cindy Shermans Fotos wird die Verlorenheit des Menschlichen angenommen. Aber es geschieht ohne Zynismus und ohne reaktionären Beigeschmack. Warum? Ganz einfach weil sich hier eine Person mit Haut und Haaren und mit Herz und Seele einbringt, ohne sich selbst, ihre Persönlichkeit und sowohl ihr als auch unser aller Ichidentitätsproblem ernstzunehmen. Es ist einfach angenehm zu sehen, daß das ohne französisch literarische Entgrenzungslyrik, ohne deutsch romantische Tiefenschürferpathetik oder Höhenflugzerstreuung und ohne österreichisch geistreiche Selbstverstümmelung möglich ist.

Die Härte der Fragmentierung des Ichs und des Körpers, die in Cindy Shermans Fotografien ins Groteske getrieben wird, kommt durchgängig unangestrengt rüber. Ein fast unmerklich mitschwingender Humor, der nichts zurücknimmt und nichts weichzeichnet, bietet der frontal vorgeführten Bindehaut unserer von Signifikantenstrukturen verstellten Wahrnehmung eine kleine visuelle Öffnung ins Unvorhergesehene, schön, böse und zerrissen. Oder was sehen Sie? »Du, Leser, kennst das schöne Untier auch, heuchlerischer Leser – Bruder – meinesgleichen!« (Charles Baudelaire).

Roland Barthes kommt am Ende seines Buches »Camera Lucida« zu der Schlußfolgerung, daß es für die Fotografie zwei Möglichkeiten gibt. Entweder sie widmet ihr Schauspiel dem zivilisierten Kode perfekter Illusionen oder sie konfrontiert innerhalb ihres Schauspiels mit dem Erwachen eigensinniger Wirklichkeit. Spätestens seit 1980 stellt sich das allerdings nicht mehr so einfach alternativ. Darauf antwortet Cindy Shermans Fotografie. Sie arbeitet mit den Kodes perfekter Illusionen, thematisiert sie, demaskiert sie und potenziert sie ins Groteske. Aber sie hat den zweiten Weg gewählt, wie man sieht.

Der erste Teil des folgenden Gesprächs fand im August 1994 in Cindy Shermans Loft in Soho statt, wo sie ihr mit allen nur erdenklichen Requisiten, Kostümen, Masken usw. ausgestattetes Studio hat und mit ihrem Mann, dem französischen Videokünstler Michel Auder und ihrem Papagei Frieda lebt, der offensichtlich nur sie liebt, wie ich erfahren mußte und Michel mir aus eigener Erfahrung bestätigte. Der zweite Teil des Gesprächs fand Anfang September in Cindy Shermans Landhaus Upstate New York statt, einer Idylle mit Schwimmteich, Tennisplatz und Gemüse- und Gewürzgarten. Cindy Sherman nimmt Boxkurse, spielt Tennis, kocht gerne, liebt hard core rap und vor allem Filme, besonders Horrorfilme. »Der Film ist und war das einzige, zu dessen Studium ich mich je habe überwinden können« (C. S.). Als ich sie im Februar dieses Jahres in New York traf, erzählte sie mir, daß eine Filmproduktion aus Hollywood ihr angeboten hat, einen Horrorfilm zu machen. Sie hat sofort zugesagt. Wenn dieses Buch erscheint, sind die Dreharbeiten vielleicht schon abgeschlossen.
»Ich denke, ich bin das Publikum. Ich sehe im Spiegel, wie die Verwandlung vor sich geht, und wenn es was wird, macht mich das glücklich. Das ist im Grunde alles, worum es mir geht. Wenn es für mich gut aussieht, dann muß es auf dem Film noch lange nicht gut aussehen, but at least I had a good time« (C. S.).

Wilfried Dickhoff

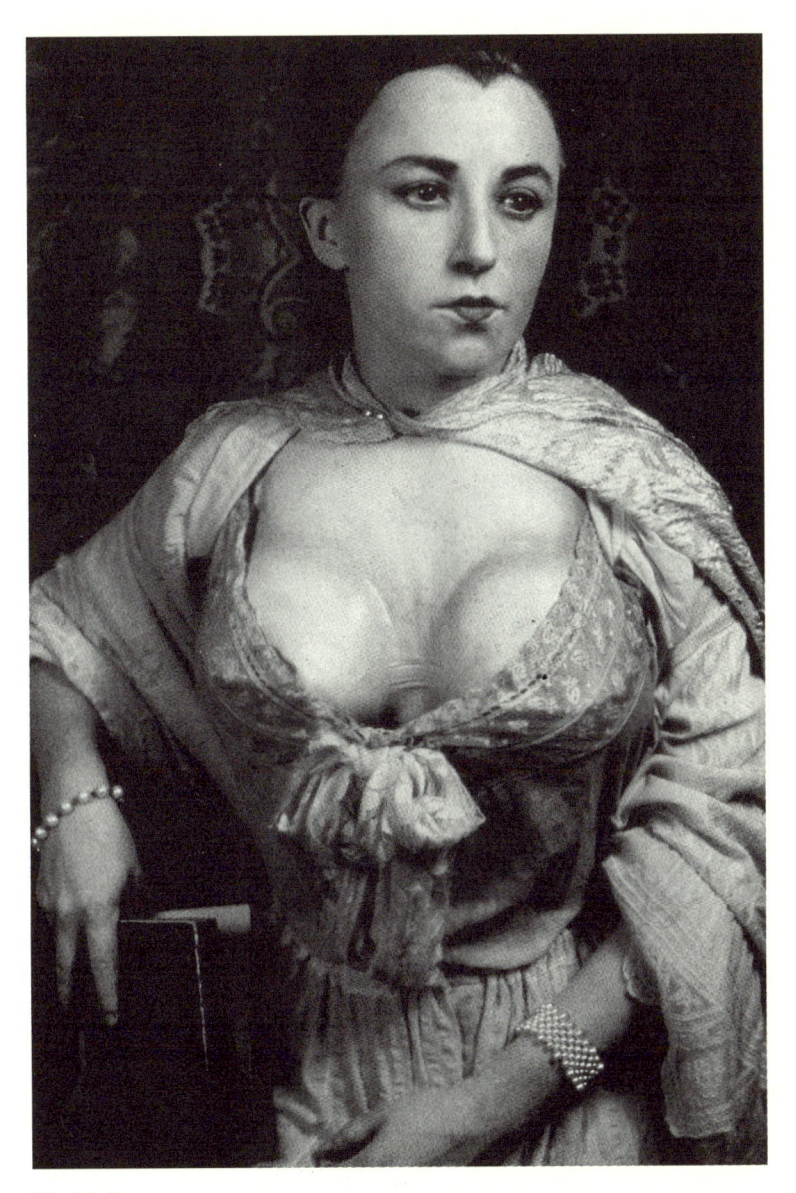

Untitled #183, 1988

Untitled Film Still #13, 1978

Wilfried Dickhoff: Also wir lassen alles Private weg, nicht nur, weil es wenig zur Sache beiträgt, sondern vor allem, weil bei deinen Fotografien immer wieder der Versuch gemacht wird, sie auf deine Person zurückzuführen, nur weil du in deinen Fotos zu sehen bist.
Cindy Sherman: Ja, um mich persönlich geht es überhaupt nicht. Ich arbeite mit mir, das ist mein Material irgendwie, aber das fertige Foto hat hoffentlich mehr zu bieten als Reflexe meiner »Persönlichkeit«.
WD: Von Anfang an, sogar noch vor den »Film Stills«, hast du dich selbst als Ersatz-Modell für gezielte Inszenierungen benutzt, wobei eine kontrollierte Distanz zu jeder Art von persönlicher Penetranz eingehalten wird.
CS: Ganz genau, meine Fotos sind sicher keine Selbstporträts oder Repräsentationen meiner selbst, was leider immer wieder behauptet wird.
WD: Ich glaube, das ist wichtig, denn genau das unterscheidet deine Fotografien grundsätzlich von jeder Art von Travestiefotografie, wie sie in den 70er Jahren verbreitet war und in der das sehr persönliche Bedürfnis spürbar war, als jemand anderer zu erscheinen. Die »Film Stills« haben genau das nicht. Hier ist keinerlei Selbst-

veränderungsverspieltheit im Spiel. Du setzt dich selbst als eine Schauspielerin ein, die auf der Bühne des sozialen Imaginären der »Frau« auftritt. Zumindest habe ich das damals so gesehen.
cs: Das kann man sicher genau so sehen, obwohl ich meine Fotos oft als personifizierte Bilder spezifischer Gefühle sehe, die sich selbst »porträtieren«.
wd: In letzter Zeit benutzt du mehr und mehr Modepuppen, Prothesen und künstliche Körperteile aller Art. Worin besteht der Unterschied zur Arbeit mit dir selbst?
cs: Wenn ich künstliche, leblose Objekte benutze, muß ich von Anfang an wissen, wie sie im Foto funktionieren und aussehen sollen. Wenn ich mit einem lebenden Modell arbeite, sei es ich selbst oder sonst wer, dann verschiebt sich dauernd etwas, der Ausdruck einer Pose ändert sich von Aufnahme zu Aufnahme. Ich entdecke zum Beispiel manchmal ganz unerwartet eine bessere Szenerie, anläßlich minimaler Gestenwechsel oder mimischer Nuancen, die ich nicht antizipiert hatte. Das ist der Unterschied, dieses Zufallsmoment, das ein lebendes Modell notwendig mit sich bringt.
wd: Du nennst Zufall, was man nicht vermeiden kann, weil man nicht nicht in Bewegung sein kann vor der Kamera. Unabhängig davon sind deine Fotos doch bis ins letzte Detail gezielt inszeniert.
cs: Ja, zumindest versuche ich das. Aber nimm zum Beispiel die »Film Stills«. Ich bin immer noch erstaunt, daß ich mit so wenig Filmaufnahmen zu diesen Images gekommen bin. Als ich mir vor kurzem noch einmal die Kontakte angeschaut habe, fiel mir auf, daß auf jedem Kontaktabzug fünf verschiedene Motive waren. Das heißt, daß ich von jedem Motiv nicht mehr als sieben Aufnahmen gemacht habe. Ich meine, das war ziemlich naiv, kein halbwegs professioneller Fotograf würde so arbeiten. Ein sogenannter Profi würde für ein Foto mehrere Rollen schießen. Das fasziniert mich immer noch an den »Film Stills«, daß ich auf diese

naive, unprofessionelle Art zu diesen Ergebnissen gekommen bin. Aber ich glaube, das war einfach Glück oder sowas wie Intuition, etwas, woran ich heute nicht mehr glaube. Dazu bin ich wohl zu abgeklärt.
WD: Du hast mir einmal erzählt, daß das Bedürfnis, sich zu verkleiden und dabei so weit zu gehen, daß du als eine andere Person erscheinst, dich schon seit deiner Kindheit begleitet. War diese Lust, Persönlichkeiten, Charaktere zu wechseln, noch im Spiel, als du an den »Film Stills« gearbeitet hast, zumindest als Disposition?
CS: Nicht wirklich, vielleicht als eine Kondition, die mich mit auf den Weg gebracht hat, der zu dieser Art von Fotografie geführt hat. Aber spätestens seit den »Film Stills« ist das einfach ein Instrument, das ich bewußt einsetze oder auch nicht.
WD: In deinen neuen Arbeiten – die zuletzt bei Metro Pictures in New York zu sehen waren – hast du mehr denn je mit Fotografie als Fotografie gearbeitet. Mehrfachbelichtung und andere Überlagerungseffekte dominieren, und in einem Foto sieht man, daß das Negativ gezielt verkratzt wurde. Es sieht so aus, als würdest du dich immer mehr von dem Konzept entfernen, dich selbst als Modell zu benutzen.
CS: Ja, das ist richtig. In letzter Zeit geht mir meine alte Art zu arbeiten auf die Nerven. Das liegt auch am vielen Gerede darüber. Aber ich denke nicht, daß ich ganz damit aufhöre, so als würde ich ein Kapitel abschließen. Meine Arbeit ist immer noch ein fortlaufender Prozeß, bei dem ich versuche, mich nicht zu wiederholen und vor allem nicht zu langweilen. Und meistens gefallen mir nur die Arbeiten, die ich gerade abgeschlossen habe.
WD: In dem Moment, in dem eine Arbeit das Studio verläßt, hat sie natürlich ein Eigenleben. Sie provoziert verschiedene Art und Weisen, sie zu sehen, verschiedene Bedeutungen und Interpretationen, die vollkommen gegensätzlich sein können. Das ist natürlich eine Banalität. Aber bei deiner Arbeit scheint das in besonde-

Untitled Film Still #47, 1979

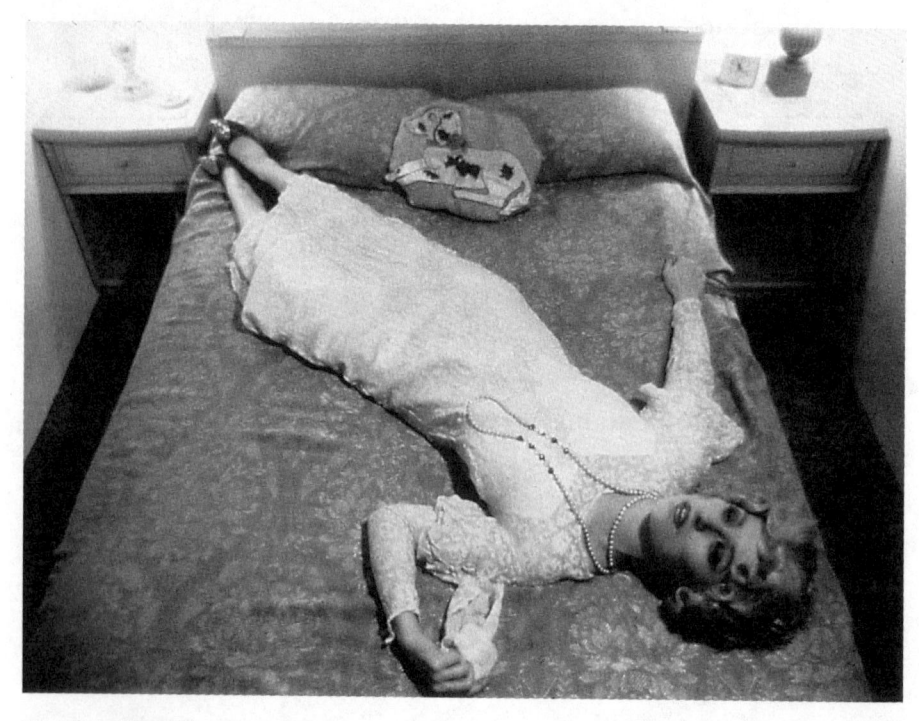

Untitled Film Still #11, 1978

rem Maße der Fall zu sein. Sie wurde feministisch, antifeministisch, politisch korrekt oder auch dekonstruktivistisch interpretiert. Und in letzter Zeit sind es vor allem postfeministische und an Lacan orientierte psychoanalytische Sicht- und Schreibweisen, denen deine Fotografien als Analogon ihrer Diskurse dienen.
CS: Ich bin immer wieder überrascht, was die Leute alles in meine Fotos hineinlesen, aber es amüsiert mich auch. Das liegt vielleicht daran, daß ich nichts Spezifisches im Sinn habe, wenn ich arbeite. Meine Intentionen sind weder feministisch noch politisch. Ich versuche, meinen Fotos etwas Doppel- oder Mehrdeutiges mitzugeben, was vielleicht eine etwas variantenreichere Interpretation anregen könnte.
WD: Gerade das provoziert aber einseitige und eben nicht differenzierte Interpretationen.
CS: Ja, offensichtlich.
WD: Du integrierst immer seltener deinen eigenen Körper in deine Fotografien.
CS: Ja, aber manchmal komme ich auch darauf zurück. Ich mache es übrigens gerade wieder im Zusammenhang mit den Fotos für »Comme des Garçons«, an denen ich gerade arbeite.
WD: Was machst du für »Comme des Garçons«?
CS: »Comme des Garçons« macht keine Anzeigenwerbung, oder genauer keine direkte Werbung. Stattdessen publizieren sie zum Beispiel ein Magazin mit redaktionellem Inhalt. »Comme des Garçons« erscheint dabei lediglich als Herausgeber. Mich haben sie eingeladen, eine Reihe von Fotografien zu machen, in denen ich mit ihrer Kollektion machen kann, was ich will. Das fertige Foto wird dann als Postkarte ohne Kommentar verschickt. Ich bin vollkommen frei in dem, was ich mache, am Ende aber funktioniert genau das als Werbung für »Comme des Garçons«.
WD: Was interessiert dich daran?
CS: Mich interessiert hier, wie meine Arbeit in diesem Mode-Kontext funktioniert und wieweit ich diesen Kontext bespielen oder

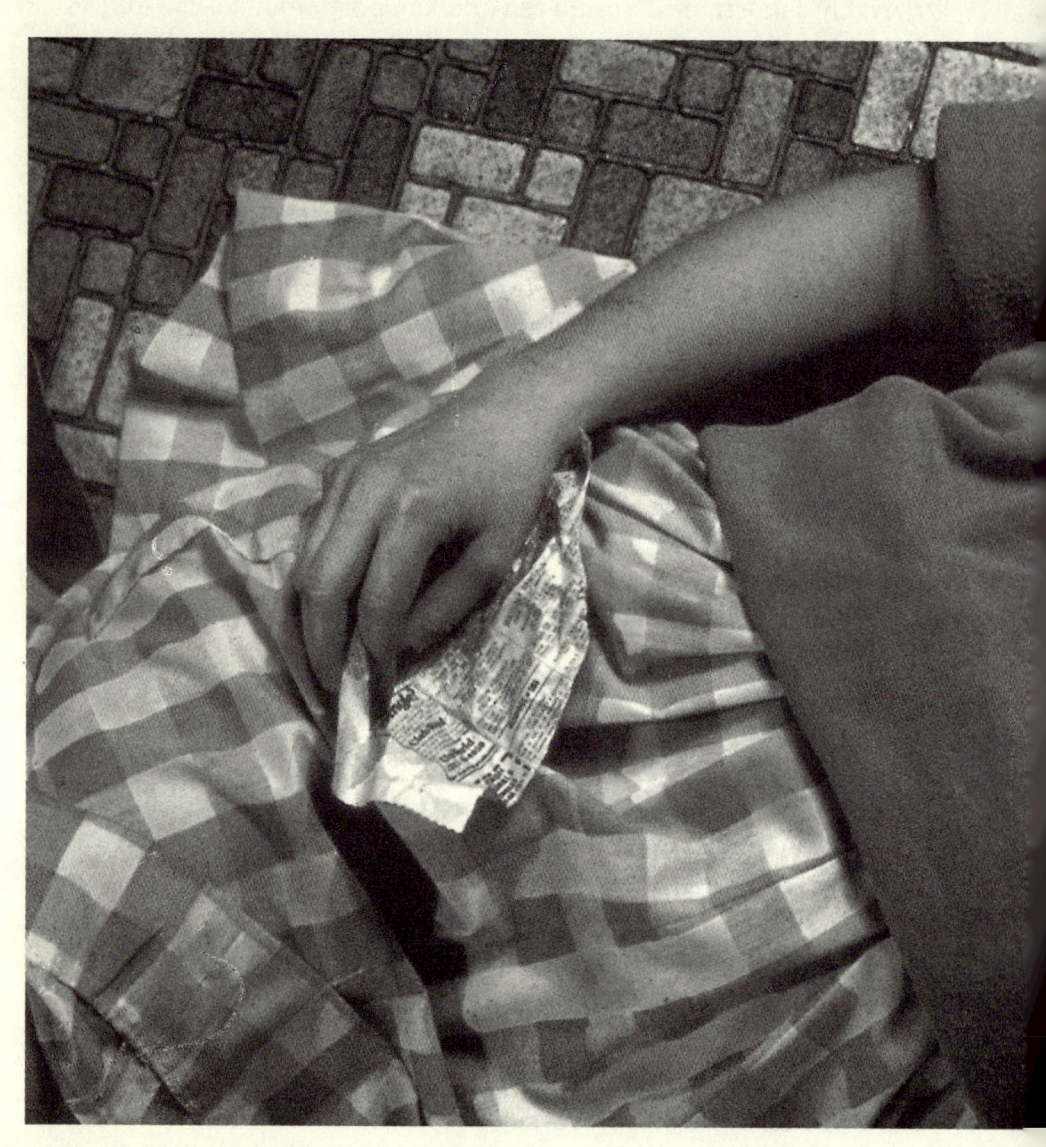

Untitled #96, 1981

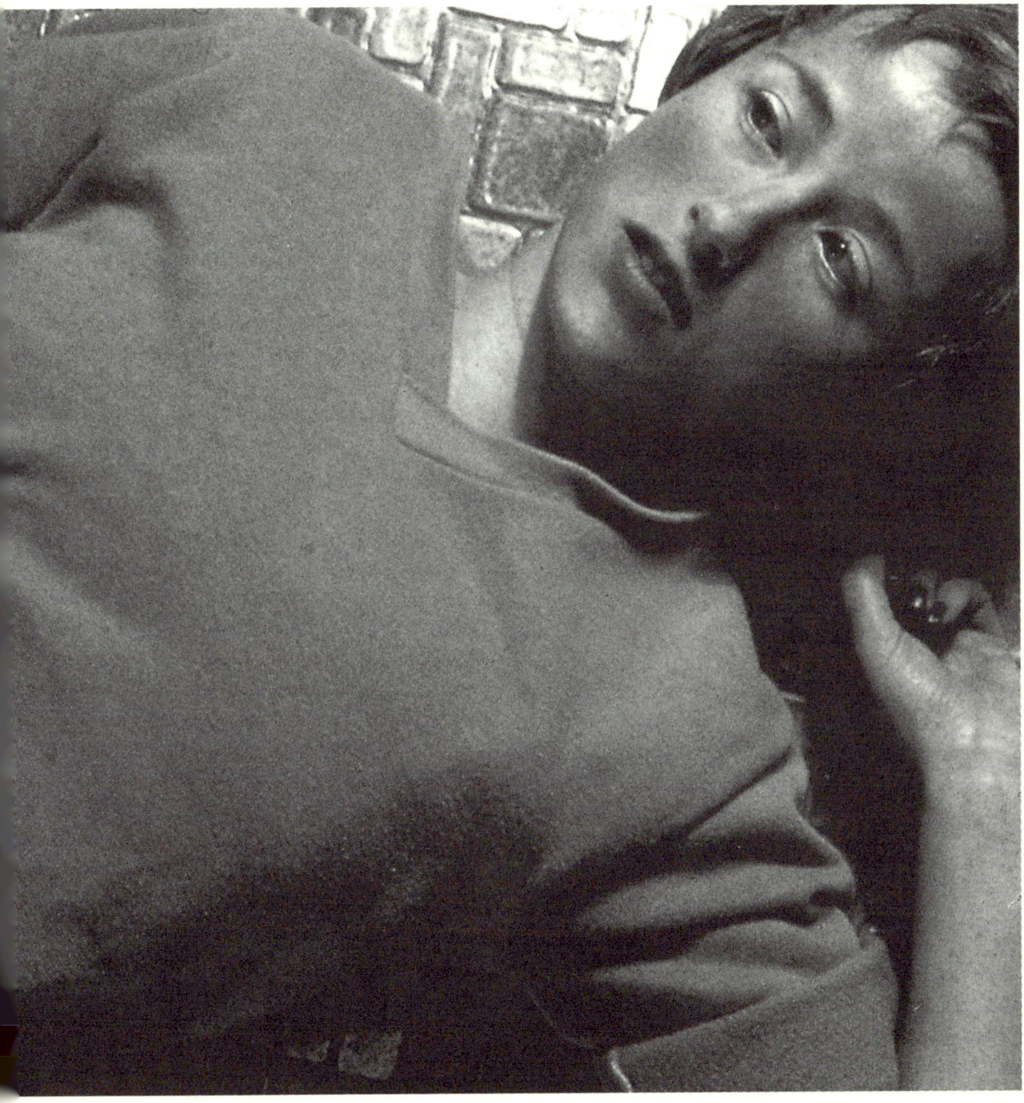

verschieben kann, oder inwieweit er umgekehrt meine Arbeit verändert.

wd: Und warum arbeitest du hier wieder mit dir selbst als Modell?

cs: Als ich mit dieser Serie anfing, wollte ich ursprünglich mit Models arbeiten. Aber ich hatte nicht viel Zeit, in zwei Wochen mußten die Fotos fertig sein. Deshalb habe ich mich doch lieber auf mich selbst verlassen. Ich habe einfach größere Freiräume mit mir selber als mit einem anderen Modell, das ich einweisen und erst einmal dahinbringen muß, wo ich selbst bereits bin. Und ich müßte ihm von Anfang an präzise vorgeben, was ich will. Und das weiß ich vorher meistens selbst nicht so genau. Das entwickelt sich erst während der Arbeit im Studio.

wd: Wie bist du eigentlich auf die Idee gekommen, die »Film Stills« zu machen?

cs: Bevor ich diese Serie gemacht habe, habe ich sehr viele alte Kleider gesammelt und mich selbst in ihnen fotografiert. An einem Punkt habe ich angefangen, diese cut-outs von mir selbst als verschiedene Persönlichkeiten zu machen, die interagieren konnten. Zum Beispiel ich als ein Mann und eine Frau, die sich leidenschaftlich küssen, oder als Mutter, die ihre beiden Kinder im Arm hält. Ich habe einige sehr erzählerische Serien gemacht, in denen ich mit diesen cut-outs gearbeitet habe, die wie Bildvorlagen für ein Theaterstück oder einen Film funktionierten.

Als ich dann nach New York zog, war das für mich abgeschlossen. Ich wollte das Ganze vereinfachen, nur noch Fotos machen, die als einzelne Fotos für sich funktionieren, aber trotzdem Geschichten erzählen. Ich habe mich damals sehr viel mit Film beschäftigt. Ich hatte viele Bücher über Film. Besonders alte Filme haben mich mehr inspiriert als die »Kunst-Welt«. Vor allem traditionelle Kunst war für mich nicht sehr interessant. Die »Film Stills« waren für mich die Lösung, Bilder, die aussehen, als wären sie aus einem Film, der nie gedreht wurde.

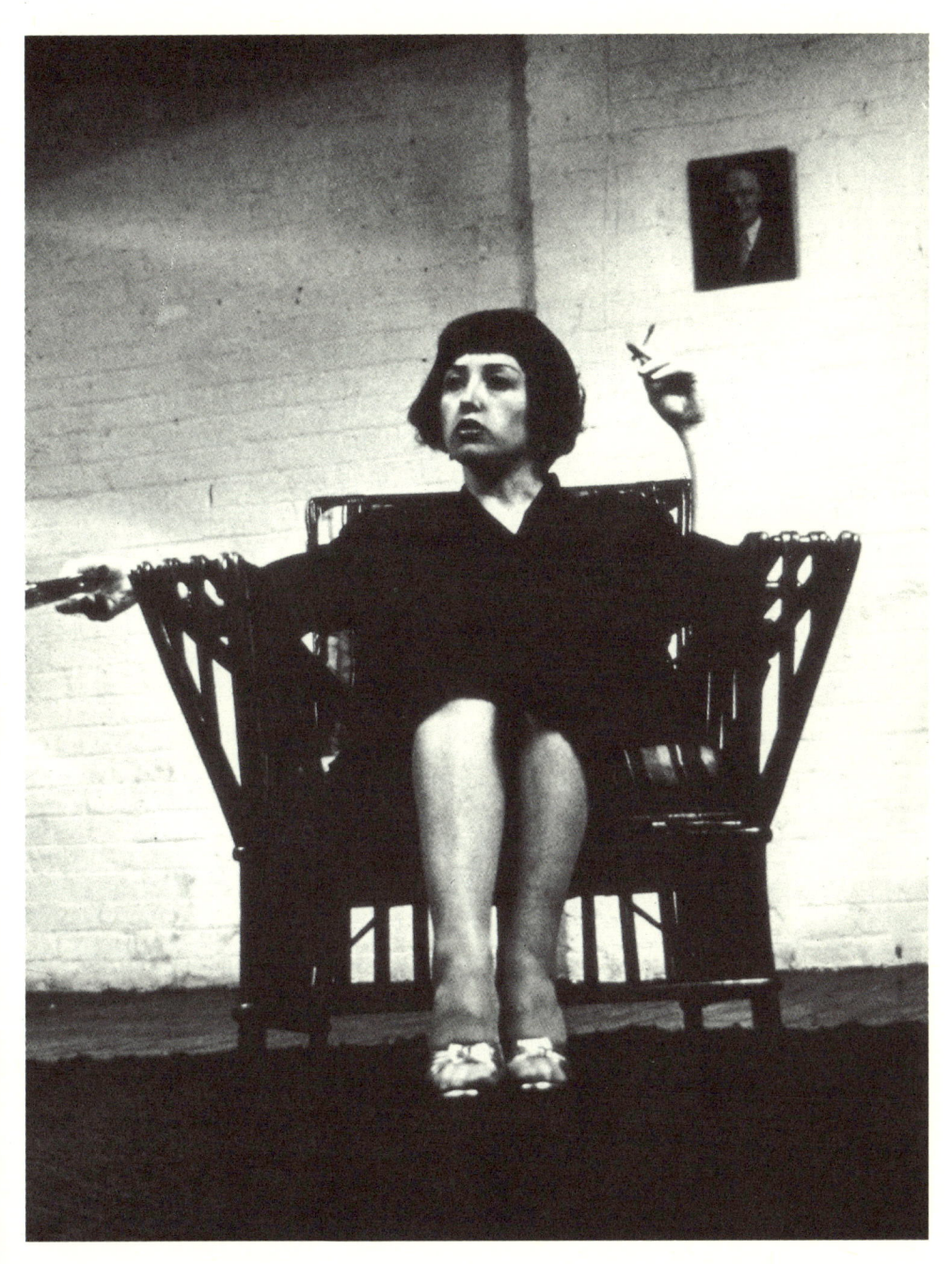

Untitled Film Still #16, 1978

WD: Welche Art von nie gedrehtem Film hattest du im Sinn, als du die »Film Stills« gemacht hast?

CS: Die ersten Aufnahmen sollten aussehen wie Film Stills aus einem Film, der die Karriere einer Filmschauspielerin zum Inhalt hat. Ich habe also versucht, sie in verschiedenen Phasen ihres Lebens zu zeigen. Zum Beispiel in der Phase des Alterns. Ihr Haar ist kürzer und lichter, und sie erscheint etwas ungepflegter und trauriger.

WD: Sie versucht, jung zu erscheinen, aber es funktioniert nicht mehr so ganz.

CS: Genau. Sie verliert ihre jugendliche Schönheit, aber versucht, jung zu bleiben und sexy zu wirken, weil ihre Rolle das verlangt. Bei den ersten Aufnahmen habe ich an eine Person, an ein weibliches Ego gedacht, das sich aus der Schauspielerei heraus entwickelt hat und dann Schritt für Schritt zerfällt.

WD: Du zeigst den Zusammenbruch einer Second-hand-Persönlichkeit, die zusammengehalten wird von Mode und Maskerade.

CS: Ja, sie beginnt, sich selbst zu betrügen mit den Mitteln ihres Berufs, aber im Stil eines B-Films.

WD: Die ganze Serie der »Film Stills« hat diese gezielt inszenierte B-Film-Atmosphäre.

CS: Ja, das war Teil der Idee. Ich habe dabei an die Reklamefotos gedacht, die man in den Schaukästen auf der 42. Straße überall sieht und die für 35 Cents verkauft werden.

WD: Waren die »Film Stills« auch bewußt als B-Kunst gedacht?

CS: Ja, die B-Klassigkeit von Fotografie als B-Kunst, als zweitklassige Kunst war von Anfang an eine Intention. Abgesehen davon, daß zu der Zeit, als ich anfing, diese Fotos zu machen, Fotografie nicht als »hohe Kunst« ernstgenommen wurde, schien mir B-Klassigkeit ein Weg zu sein, Kunst zu machen, die das, was als hohe Kunst galt, nicht mehr allzu ernst nimmt. Und ich glaube, das ist ein Punkt, den einige Künstler Anfang der 80er Jahre gemeinsam hatten, zum Beispiel die, die bei Metro Pictures ausstellten.

WD: Meinst du zum Beispiel Robert Longo, Laurie Simmons und Mike Kelley?
CS: Mike war nicht dabei Anfang der 80er Jahre, aber andere wie Troy Brauntuch und Jack Goldstein und natürlich auch Robert und Laurie.
WD: Bestand die Gemeinsamkeit nicht auch darin, die Künstlichkeit eines von Medienrealitäten bestimmten Lebens zu parieren, indem man die Medien über künstlerische Verschiebungen gegen sie selbst einsetzte und auf der anderen Seite die konventionelle Kunst mit medienvermittelten Lebensinhalten konfrontierte?
CS: Es sieht so aus, als hätten wir in dieser Zone zwischen den Medien und der Kunst gar nicht so falsch gelegen.
WD: Zurück zu den »Film Stills«. Ich denke, daß du hier unter anderem auch Frauen zeigst, die damit beschäftigt sind, bestimmte Bilder abzugeben, die den Erwartungen entsprechen, von denen sie glauben, daß der männliche Blick sie hat.
CS: Ja, sicher, aber ich denke, das war wahrscheinlich die Lage, in der sich die meisten Frauen in dieser Zeit befunden haben, indem sie sich in einengende Kleider gezwungen haben, um für das andere Geschlecht attraktiv zu erscheinen. Aber ich habe nicht an den männlichen Blick als den Betrachter oder das Publikum der »Film Stills« gedacht. Offen gesagt habe ich von dem Begriff erst lange, nachdem ich diese Arbeit gemacht habe, gehört. In einigen der Fotos habe ich diese Art von B-Filmen imitiert, in denen es meistens um eine Mann-Frau-Geschichte geht. Und dabei geht es fast immer um die Geschichte des Mannes, bei der die Frau die Rolle der dekorativen Zugabe hat. Das habe ich versucht zu verändern, indem ich Szenen zeige, die man in diesen Filmen normalerweise nicht sieht. Ich wollte, daß diese Fotos wie Szenen aussehen, die ein Filmproduzent rausschneiden würde, weil sie nicht gut genug sind.
WD: Zum Beispiel Momente, in denen die Rollenmasken nicht glatt funktionieren oder Risse zeigen, in denen Zwischenzonen aufscheinen oder die Inszenierung von Identität unterbrochen ist?

cs: Ja, genau. Zwischen-Momente, in denen Schwäche, Häßlichkeit oder was auch immer nicht mehr ins Klischee der erwarteten Rolle passen. Frauen sind in diesen Filmen meistens sehr direkt und vordergründig im Bild, porträtiert in ziemlich offensichtlichen Gefühlsmomenten. Entweder sind sie sehr glücklich oder sehr traurig, sehr verängstigt oder sehr verführerisch. Sie geben diese eindeutigen und eindimensionalen Bilder ab. Ich bin mit den Gefühlen der Frauen in meinen Fotos etwas ambivalenter umgegangen. Mich haben die linkischen Momente zwischen gut und böse, glücklich und unglücklich, schön und häßlich interessiert.
wd: Ich glaube, daß die »Film Stills« genau deshalb nicht nur mit B-Film-Inszenierungen von gesellschaftlich erwarteten Frauenbildern konfrontieren, sondern mit Momenten, in denen diese Bilder brechen und ins Lächerliche kippen. Hinzu kommt der kleine, aber wichtige Unterschied zwischen dem inszenierten Inhalt des Fotos und dem Foto als »Film Still«. Das Foto lacht über den männlichen Blick, der Frauen sieht, die sich an der Grenze bewegen, wo Frauen-Bilder in Augenblicken gezeigt werden, in denen sie nicht mehr so ganz erfüllt werden.
cs: Das war nicht die Idee der »Film Stills«, aber ich mag die Vorstellung, daß sie über den männlichen Blick lachen.
wd: Das ist vielleicht noch deutlicher der Fall bei den »Centerfolds«, wo du mit dem Format der Playboy-Ausklappfotos spielst.
cs: Das ist richtig. Der Inhalt der »Centerfolds« sind Frauen in horizontalen Formaten, die Männer dazu einladen, hier eine Anmache wie im »Playboy« zu erwarten. Es gibt anziehende Details in den »Centerfolds« – zum Beispiel eine Beinstellung, ein Stück Haut, Schweiß usw. –, die diese Erwartung auf den ersten Blick provozieren. Aber wenn man genauer hinschaut, hat man zum Beispiel das Gefühl, jemanden in einem sehr privaten und vielleicht auch schrecklichen Moment überrascht zu haben. Es geht also dar-

um, ein scheinbar erotisches Gefühl im männlichen Blick zu provozieren, das aber nicht zu erfüllen, sondern es umzukehren in eine ganz andere Richtung.

WD: Die »Centerfolds« verweigern also genau das, was sie scheinbar anbieten?

CS: Ja, aber noch mehr als verweigern. Es geht darum, daß man sich schlecht dabei fühlt, das Foto als Anmacher empfunden zu haben. Ich bestrafe den Betrachter dafür, solche Vorurteile über die Pose oder den Look einer Frau zu haben. Ich wollte ein Schuldgefühl im Betrachter erzeugen.

WD: Demnach sind deine Fotos oft Blick-Fallen. Du lädst zu bestimmten Sichtweisen – vor allem erotisch voyeuristische Sichtweisen des Körpers der Frau – zunächst einmal. Aber dann werden sie enttäuscht und stehen mit heruntergelassener Hose vor deiner Fotografie.

CS: Ja, so sollten die Fotos funktionieren, das würde mir gefallen.

WD: Eine Bühne, auf der die soziokulturell konditionierten Wahrnehmungscodes in inszenierte Blick-Fallen treten.

CS: Hoffentlich.

WD: Ich habe mich gefragt, wie du diese Enttäuschung der erotischen Unterstellung erzielst. Ich glaube, es ist unter anderem der Blick dieser Frauen. Er ist nicht nach außen gerichtet, weder auf einen Gegenstand noch auf eine Person. Diese Frauen sind ganz bei sich und auf keine äußere Erwartung bezogen.

CS: Ja, das ist ein Unterschied zu den »Film Stills«, wo noch eine undefinierte Bezugsperson im Spiel ist.

WD: Dieser nach innen gerichtete oder auch selbstbezügliche Blick, ist nicht nur mimisch gespielt. Hast du diesen Effekt nicht auch durch die Art, wie du Licht hier einsetzt, erzielt?

CS: Ja. Ich habe während der Arbeit an den »Centerfolds« viel mit Licht experimentiert. Ich habe zum Beispiel versucht, mir selbst beizubringen, wie man künstliches Licht bei Farbfilmen einsetzt.

Untitled #88, 1981

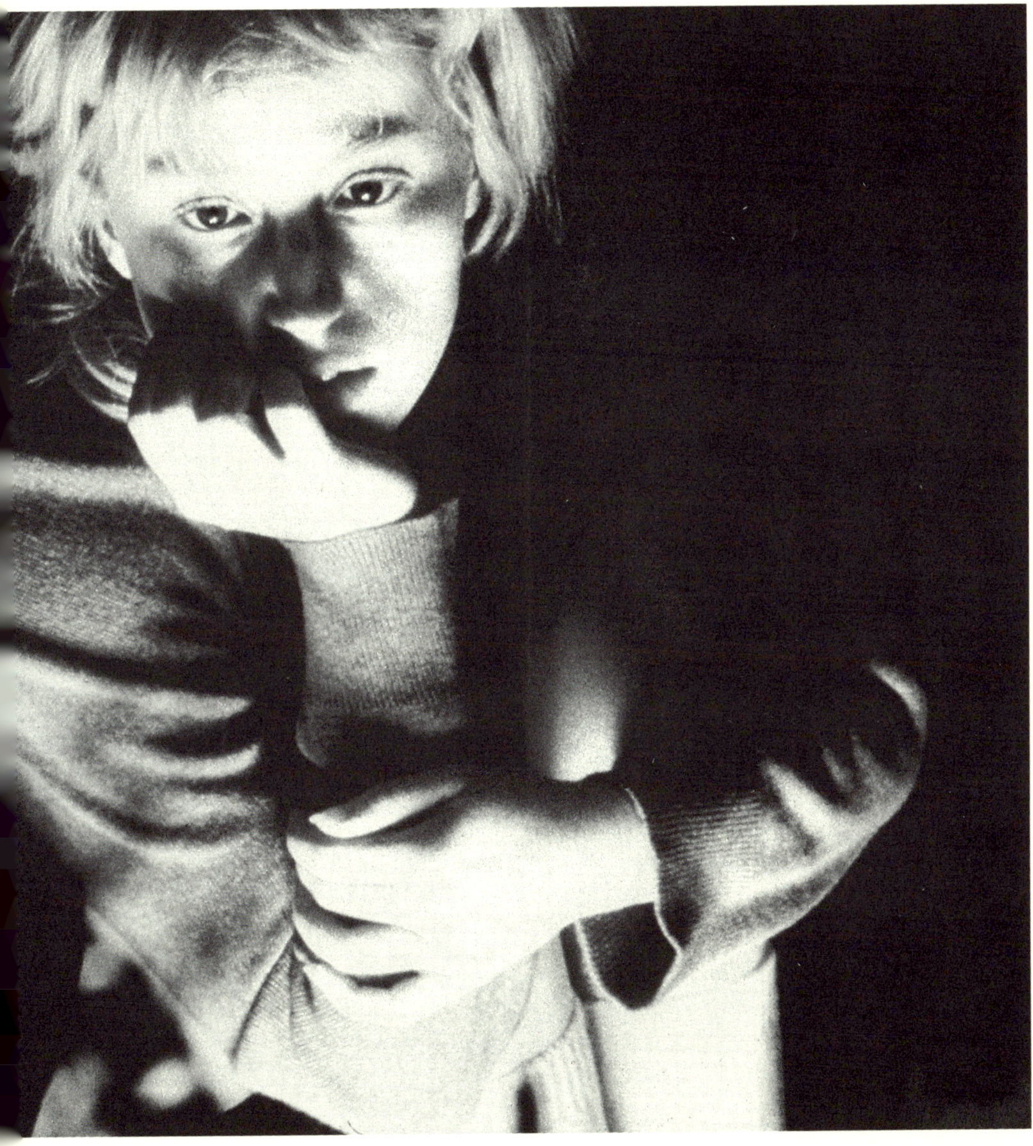

Ich wollte den Eindruck von Intimität erzeugen. Zum Beispiel durch Kaminfeuerlicht oder das warme Licht einer leicht glühenden Wohnzimmerlampe. Oder in einem Foto habe ich Neonküchenlicht mit »natürlichem« Licht gemischt, das von draußen einfällt.
WD: Dieses Licht unterstützt das Bei-sich-selbst-sein dieser Frauen, was den Betrachter distanziert und bewirkt, daß die anderen Elemente des Fotos auf den zweiten Blick andere Bedeutungsmöglichkeiten haben.
CS: Das ist richtig. An welches Foto denkst du dabei zum Beispiel?
WD: Die Frau in No. 186 zum Beispiel hat irgendeine Anstrengung hinter sich. Aber es bleibt ambivalent, welche. Sie könnte Sport gemacht haben, sie könnte aber auch vergewaltigt worden sein, oder sie könnte sich auch einfach einen Moment hingelegt haben, weil es sehr heiß ist und sie sich melancholisch und/oder gelangweilt fühlt.
CS: Genau um diese Ambivalenz der Bedeutungsmöglichkeiten ging es mir. Das lädt ein, etwas hineinzusehen, weist aber eindeutige Unterstellungen zurück.
WD: Ich glaube, die Fotos gehen noch einen Schritt weiter. Im Kostüm des Playboy-Ausklappfotos begegnet der Betrachter einem Blick, der als Maske von Ungreifbarkeit funktioniert, und ist für einen Augenblick mit weiblicher Selbstbestimmung konfrontiert.
CS: Das heißt, während ich mit Bestrafungsaktionen beschäftigt war, hätte ich Images weiblicher Selbstbestimmung produziert?
WD: Ja, das meine ich.
CS: Ich habe das nie so analysiert, aber es wäre schön und ich hätte nichts dagegen, wenn das dabei herauskäme.

Untitled Film Still #2, 1977

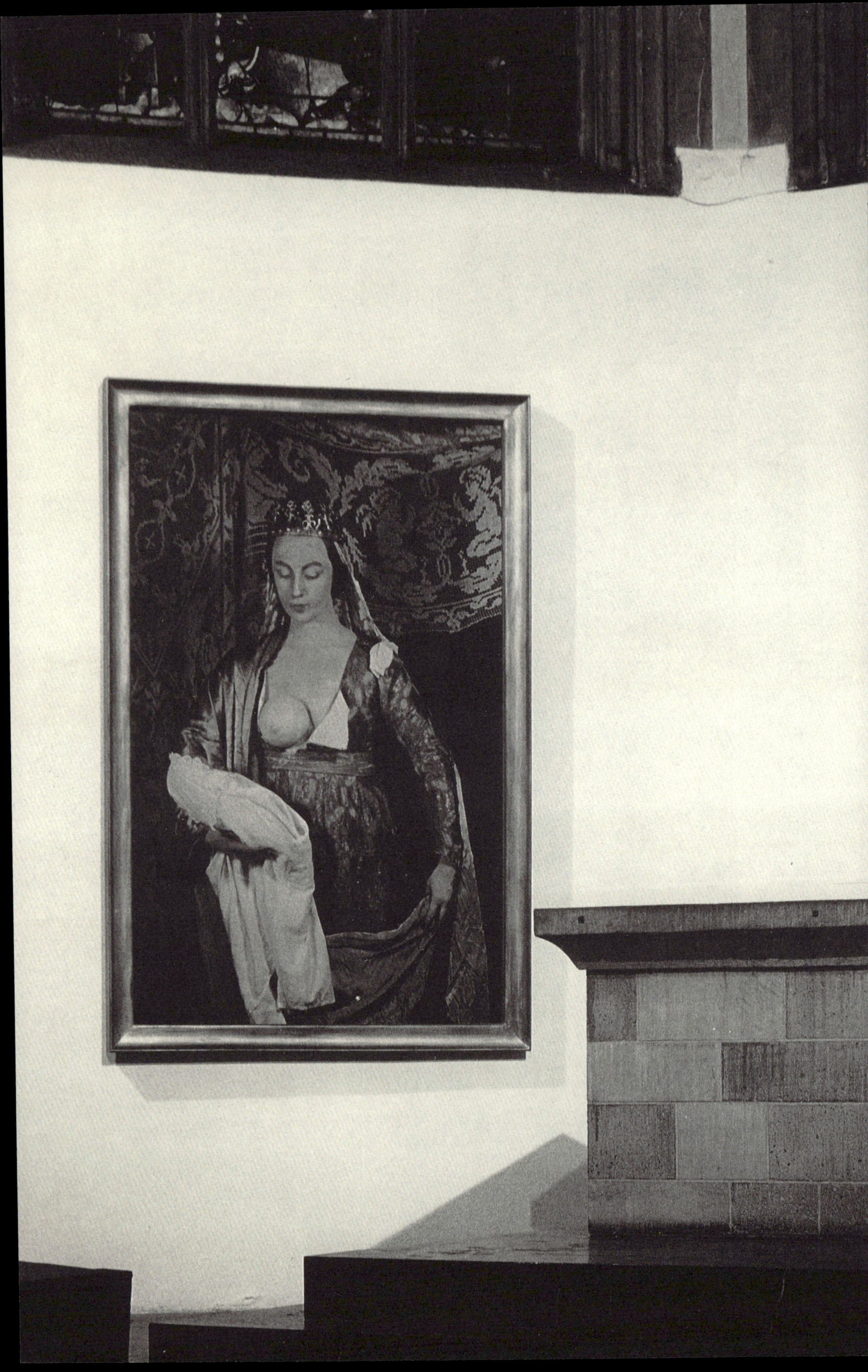

II

WD: Du legst deine Fotos so an, daß sie eine Inversion von wie auch immer gebundenen Wahrnehmungsstereotypen provozieren. Das betrifft aber nicht nur den sogenannten männlichen Blick oder besser die Rede vom »männlichen Blick«, wie ihn der zur Zeit moderne postfeministische Diskurs innerhalb der Kunstszene gerne problematisiert sieht. In den »History Portraits« zum Beispiel ist es das Porträt selbst, also die Illusion eines Bildes individueller Persönlichkeit, das dieser fotografischen Prozedur unterzogen wird.

CS: Ja, genau so sehe ich das auch. Aber wie immer in meiner Arbeit fange ich nicht mit einer Idee, einem Konzept oder einer Strategie an. Die »History Portraits« haben sich zum Beispiel nur zufällig zu einer Serie entwickelt. Jemand hatte mich angesprochen, ein Porzellanservice im Stil der Pompadour-Zeit zu machen. Ich habe mich darauf eingelassen und ein Foto im Stil der Mme. Pompadour gemacht (Abb. S. 13). Ich habe das Foto in einer Gruppenausstellung gezeigt. Die Resonanz war unerwartet groß, was mich motiviert hat, daran weiterzuarbeiten. Deshalb hat diese Serie für mich auch etwas von »Ausverkauf«. Es war die Entscheidung, mit etwas zu experimentieren, das die Leute mögen.

WD: Nimmst du die Anstöße zu deinen Serien oft aus den Zusammenhängen, in denen du dich bewegst?

Kunststation St. Peter, Köln 1991

CS: Nicht immer, aber meistens. Auf jeden Fall kommen sie aus irgendwie gelebten Situationen oder Erfahrungen. Und dann gehe ich in mein Studio, möglichst ohne fixierte Ideen. Was da passiert, ist ein offener Prozeß. Und dabei sind zum Beispiel die Anregungen, die all die Sachen, die ich um mich versammle, mit sich bringen, nicht zu unterschätzen.
WD: Meinst du zum Beispiel die »looks« und Identitätsangebote, die Kleider und alle möglichen Accessoires latent mit sich bringen?
CS: Ja, genau. Die sind zum Beispiel oft voll bis zum Rand mit Hoffnungen, Wünschen und Ängsten.
WD: Wie bekommst du eigentlich die ganzen Sachen, zum Beispiel die Kostüme für die »History Portraits«?
CS: Ich arbeite normalerweise mit dem, was ich gerade im Studio habe und was ich über die Jahre gesammelt habe.
WD: Das ist mittlerweile zu einem beeindruckenden Archiv angewachsen. All die Regale und Wandschränke in deinem Studio sind voll mit »Identitätsbausteinen«.
CS: Aber die sind auch nicht eindeutig festgelegt. Bei den »History Portraits« habe ich am Anfang einfach Sachen abgeschnitten oder falsch herum angezogen, um die Effekte zu bekommen, die ich haben wollte. Zum Beispiel ein altes Paar viel zu weite weiße Hosen als Ärmel. Das letzte Drittel dieser Serie habe ich in Rom gemacht. Ich wohnte in einem Appartement, das der Prinzessin Borghese gehörte. Sie hat mir ein Kleid, andere Kostümteile und Accessoires geliehen. Und natürlich war ich in Rom auch auf dem Flohmarkt, wo ich einiges an Requisiten, Stoffen und potentiellen Kostümteilen gekauft habe.
WD: Die Ergebnisse der »History Portraits« zeigen unter anderem die Künstlichkeit in der Darstellung eines »Selbst« und auch die Masken von sozialen Egos als Maskerade, die gerade noch zusammenhält. Wenn das nicht die Idee war, wie bist du denn dahingekommen?

CS: Während der Arbeit selbst. Diese Serie ist zunächst einmal sehr einfach und ohne große Anstrengung zustande gekommen. Als ich die entscheidenden Handgesten und Ausdrücke begriffen hatte, lief es wie von selbst. Es war unglaublich einfach, den »look« von altmeisterlichen Gemälden zu imitieren. Und je mehr ich mich damit beschäftigte, um so klarer wurde, wie offensichtlich in diesen Gemälden die Repräsentation von sozialem Status und Macht konstruiert ist. Und damit kam das Thema von Künstlichkeit und Maskerade von selbst ins Spiel. Es ging in diesen Porträts natürlich meistens darum, die Leute schöner, mächtiger oder bedeutender aussehen zu lassen, als sie sind. Ich habe deshalb mit der anderen Seite ihrer Schönheit oder ihres Machtstatus gespielt, mit subtilen Details wie »Sie ist ein schönes Mädchen, aber ihre Nase ist etwas groß geraten«. So kam ich während der Arbeit Schritt für Schritt in die unterschiedlichen Aspekte der Porträtmalerei und all der »fakeness«, um die sie sich dreht.

WD: Diese »fakeness« betrifft nicht nur die Beschönigungsprozeduren von Porträts. Sind es nicht auch die Repräsentationsfunktionen der Malerei selber und der Formen, die sie als Formen »hoher Kunst« zelebriert, die hier als »fake« vorgeführt werden?

CS: Zumindest habe ich mich hier auch mit den Täuschungsmanövern der Körperdarstellung in der Malerei beschäftigt, indem ich versucht habe, die falschen Körperteile so erscheinen zu lassen, daß sie einerseits Illusion erzeugen, aber gleichzeitig in ihrer Falschheit sichtbar bleiben, so daß die Fotos auf den zweiten Blick wie ein Witz oder eine Karikatur aussehen. Und das betrifft auch den Aspekt der hohen Kunst in der Porträtmalerei. Also von weitem denkt man »Was ist das für ein Gemälde?«. Dann realisiert man »Oh, das ist ja eine Fotografie«. Und dann sieht man die falschen Nasen, Titten, Perücken usw., und daß alles nur Maskerade ist.

WD: Und dann könnte man auch sehen, daß die »History Portraits« Bilder der Tatsache sind, daß es nichts hinter der Maske

Untitled #213, 1989

Untitled #211, 1989

gibt, keine Authentizität, kein wahres Gesicht und keine zu entdeckende innere Wahrheit oder Bedeutung.
CS: Richtig. Aber das ist ein Aspekt, der wahrscheinlich in den meisten meiner Fotos eine Rolle spielt.
WD: Ein anderer Aspekt ist die Rezeption. Die »History Portraits« funktionierten sehr unterschiedlich in den veschiedenen Kontexten, in denen sie gezeigt wurden. Die Installation bei Metro Pictures war die atmosphärische Simulation eines Europäischen Museums historischer Malerei mitten in einer New Yorker Galerie, wodurch das Aufgeblasene künstlich musealisierter Malerei belächelt wurde. Im Haus der Kunst in München – wo die Nazis ihr ideologisches Selbstporträt in Form von scheinbar klassizistischen Monumentalskulpturen zelebriert haben – funktionierten die »History Portraits« wie eine dekonstruktive Akkupunktur der Sehnsucht nach Halt und Stabilität, die man glaubt, in pseudoklassischen Bildern zu finden, die eigentlich nur Bilder der Sehnsucht nach Klassik in ihrer Funktion als Halt und Stabilität sind. Und da hat sich seit 1937 nicht viel geändert.
Ich finde, daß diese Blickfalle, von der wir vorher sprachen – also dieser Pendel zwischen der verführerischen Einladung, Erwartungen und Sehnsüchte bestätigt zu sehen, und der glatten Enttäuschung, Dekonstruktion oder Demaskierung derselben – in den Ausstellungen der »History Portraits« besonders gut funktioniert hat. Das ist auch der Grund, warum ich sie in St. Peter gezeigt habe, weil sie in einer Katholischen Kirche nochmal anders kommen. Hier lief die Hoffnung auf religiöse Repräsentation gemalter Körper in eben diese Falle.
CS: Da gab es doch auch Reaktionen in der Presse. Warum eigentlich?
WD: Vor allem, daß die Brust der Mutter Gottes sich bei näherem Hinsehen als Plastiktitte herausstellte, war für viele Besucher der Ausstellung besonders enttäuschend, was auch die Presse dankbar aufgegriffen hat. Warum? Ich glaube, im Kunstkontext wirkt die

Tatsache, daß du mit Plastiktitten arbeitest, unter anderem als Enttäuschung von Voyeurismus. In einer Kirche funktioniert das genau umgekehrt. Hier ist eine »echte« Brust ja keine, sondern die Verkörperung von etwas Übersinnlichem, Heiligem. Und wenn man sie durch eine Prothese ersetzt, wird die Illusion der Inkarnation profan unterbrochen. Und das verstimmt den Gläubigen, auf jeden Fall aber den Glauben an eine Malerei des Glaubens.
CS: Das gefällt mir. Aber weißt du, wie dieses Foto entstanden ist?
WD: Nein.
CS: Ich hatte dieses viel zu enge, mehr als 150 Jahre alte Kinderkleid von der Borghese Familie. Als ich es anprobierte, konnte ich es nicht zuknöpfen, es stand vorne offen. Wenn ich es also überhaupt benutzen wollte, dann offenstehend. Dazu fiel mir dann das Madonnabild von Fourier ein. Und zu diesem Bild paßten diese falschen Titten sehr gut, die ich in einem Requisitenladen in der Nähe von Rom gefunden hatte, diese großen Grapefruittitten. Das kam alles so perfekt zusammen, daß ich es einfach machen mußte, da führte kein Weg dran vorbei.
WD: Aber du bist nicht katholisch.
CS: Nein, aber ich kenne mich ganz gut aus im Reich der Täuschungen und Illusionen.

Untitled #132, 1984

III

WD: Du hast viel mit und über Mode fotografiert. Oft holst du deine Bilder aus den Rissen und Bruchstellen des Identitätstheaters, wie es sich in Form von Modeinszenierungen alltäglich abspielt. Aber in einigen Serien ist Designermode selbst der Inhalt. Ungefähr vor einem Jahr wurde eine Fotoserie in Harper's Bazaar veröffentlicht, wo du Designerklamotten von Calvin Klein, Dior, Gaultier, Anna Sui u. a. verarbeitet hast.

CS: Harper's Bazaar hatte mich eingeladen, einen achtseitigen Künstlerbeitrag zu machen, wo ich hätte machen können, was immer ich wollte. Aber mich hat es mehr interessiert, etwas zu machen, das sich auf Mode bezieht und in diesem Kontext Sinn macht. Daraufhin haben sie mir Kleider, Hosen, Unterwäsche, Oberteile und Requisiten und Accessoires aller Art geschickt. Das ganze Studio war voll mit Schuhen und großen Einkaufstaschen voll mit Hüten, Perücken, Schirmen, Handschuhen, Dutzenden von Schleifen und Stiefeln usw..

Das Lustige war, daß die Sachen typische Modelgrößen hatten, also für extrem große und extrem schlanke Mädchen gedacht waren. Die meisten Sachen waren so eng, daß ich sie noch nicht mal zuknöpfen konnte. Und die Strümpfe und Hosen waren viel zu lang. Aber das kam mir sehr entgegen. Die Sachen hatten dadurch etwas Unfunktionales, waren für sich selbst schon ziemlich theatralisch und wirkten wie Kostüme, die ein fast schon objekthaftes Eigenleben haben. Das ist auch der Grund, warum die Kleidung selber zum Thema wurde in dieser Serie.

WD: Und welche Funktion hast du in dieser Serie?

CS: Ich bin das Modell. Nein, genau genommen bin ich hier kein Modell. Ein Modell ist üblicherweise dazu da, durch seine Schönheit oder durch die Art angesagter Schönheit, die man aus ihr gemacht hat, den Kleidern eine meistens erotische Atmosphäre mitzugeben, wodurch sie sich besser verkaufen. Während ich mich hier so eingesetzt habe, daß die Theatralik der Kostüme selbst forciert und überdreht wird und am Ende als für sich stehende Groteske erscheint. Das ist genau das Gegenteil von dem, was ich vor 10 Jahren mit den Fotos für »Diane B« und »Dorothee Bis« gemacht habe.

WD: Worin besteht da der Gegensatz?

CS: In den Fotos für »Diane B« steht die Theatralik der Frauen im Verhältnis zu den Kleidern, die sie tragen, im Mittelpunkt. Zum Beispiel ihre Gesten, Körperhaltungen und Stimmungen zeigen eher die andere Seite der Schönheit, die ihre Kleidung normalerweise inszenieren hilft.

WD: Wie zum Beispiel das Foto, das sich auf die Schauspielerin Frances Farmer bezieht, die man für verrückt erklärt hat, unter anderem wohl auch, weil sie die Erwartungen von Glamour und Schönheit, die man an einen Hollywood-Star stellt, nicht mehr erfüllen konnte und wollte.

CS: Ja, zum Beispiel. Aus derselben Zeit ist auch das Foto, auf dem ich dieses Korsett-Kleid mit den spitzen Titten trage. Ich weiß noch, daß ich nicht wollte, daß das Kleid eine zu starke Eigenwirkung bekommt, daß es stärker wird als das Bild, für das es nur ein Faktor unter anderen sein sollte. Deshalb habe ich den linkischen Versuch der Frau, in diesem Kleid gut auszusehen – und das heißt hier, der Erwartung zu entsprechen, die das Kleid an sie für andere stellt – stark überdreht. Ich wollte etwas »Jenseitiges« machen, etwas außerhalb des Gewöhnlichen.

WD: Die Fotos für »Dorothee Bis« sind vielleicht noch »jenseitiger«. Auf jeden Fall haben sie etwas bösartig Parodistisches. Worum ging es dabei?

CS: Worum es hier ging? In diesen Fotos ging es einfach darum, zu schockieren. Es ging darum, die Erwartungen von Leuten zu unterlaufen, die sich gerne hübsche, dünne Models in der Vogue anschauen. Diese Fotos waren als Anzeige in der französischen Vogue geplant. Und da wollte ich etwas machen, das vollkommen aus dem Rahmen fällt und eindeutig von allem anderen, was in der Vogue zu sehen ist, abweicht. Ich dachte, es wäre doch wunderbar, in der französischen Vogue diese traurigen, ängstlichen, pathetischen Frauen und abgetakelten Models mit Narben im Gesicht als Werbung für eine bekannte Modefirma zu sehen. Und ich dachte, daß das auch für »Dorothee Bis« interessant sein müßte oder zumindest zum Nachdenken anregen könnte. Aber es gefiel ihnen überhaupt nicht. Sie haben es gehaßt. Und die Fotos wurden dann auch nicht für ihre Anzeigen verwendet.

WD: Aber die mußten doch zumindest wissen, daß du dich in deiner Arbeit mit den Widersprüchen von Schönheit in der Mode beschäftigst. Was haben die denn erwartet?

CS: Die haben erwartet, daß ich etwas mache, das ihre Kollektion verkauft. Die Serie für »Diane B«, die ich kurz vorher gemacht hatte, war wohl noch etwas amüsanter und konsumierbarer. So etwas wollten sie wohl haben. Aber die Fotos, die ich für sie gemacht habe, haben sie offensichtlich als geschäftsschädigend empfunden.

WD: Aber das ist doch Unsinn. Auch vor zehn Jahren war es doch schon allgemein bekannt, daß alles, was Aufmerksamkeit für ein Produkt erzeugt – und oft ist Negativwerbung die beste Werbung –, als Werbung funktioniert. Ich bin sogar überrascht, daß du geglaubt hast, du könntest das unterlaufen. Reproduziert nicht

jeder Versuch, die Strukturen der Macht, der Mode und der Signifikanten zu unterlaufen, nicht genau jene Strukturen?
cs: Richtig. Aber ich denke, man kann die Strukturen auch verschieben. Glaubst du nicht?
wd: Ich denke, man kann sie nur verschieben, wenn man sich darüber im klaren ist, daß man sie gleichzeitig immer auch reproduziert.
cs: Ja, ich stimme dir zu. Aber in diesem Fall war das eigentlich ganz einfach. »Unterwandern« ist durch die Art, wie das Projekt lief, zum Thema für mich geworden. Anfangs hatte ich »Dorothee Bis« um eine bestimmte Kollektion gebeten. Statt dessen haben sie mir diese häßlichen und langweiligen Wollsachen geschickt, nur weil »Wollsiegel« einen Teil der Anzeige bezahlen sollte. Erst war ich sauer und wollte die ganze Sache absagen. Aber dann habe ich doch angefangen, damit zu arbeiten. Die bizarren, aggressiven oder depressiven Charaktere, die dabei herauskamen, hatten nichts mehr mit den Wollsachen als Mode zu tun. Und die negative Reaktion von »Dorothee Bis« hat mich motiviert, noch mehr ins Extrem zu gehen und das, was hier als häßlich empfunden wurde, überzuerfüllen. Das ist der Grund, warum ich zum Beispiel Ekelmake-up und künstliche Narben benutzt habe, wie man das aus Horrorfilmen kennt. So langweilig die Kleidung war, so morbid wollte ich die Charaktere haben. Und dieser Gegensatz funktionierte am Ende auch sehr »schön« in einigen Fotos.
wd: Wie ist denn das Harper's Bazaar Projekt verlaufen, bei dem es ja nicht mehr um Verweigerung oder Provokation gehen konnte?
cs: Nein, absolut nicht. Diese Fotos haben nichts mit Provokation zu tun. Aber das Projekt war nicht so leicht für mich, besonders am Anfang. Das ursprüngliche Konzept war, Fotos zu machen, die sich in das Erscheinungsbild des Magazins einfügen, aber unterschwellig Inhalte berühren, die den Kontext verunsichern oder verschieben. Ich wollte noch so gerade innerhalb einer Vorstellung

Untitled #131, 1983

von Schönheit bleiben, die dem Magazin entspricht. In den ersten Aufnahmen habe ich deshalb versucht, ganz normale Modefotos zu machen. Ich habe nur mit Make-up, einem weißen Hintergrund und mit typischen Modelposen gearbeitet, um so nah wie möglich ans aktuelle Klischee ranzukommen. Aber mit den ersten Ergebnissen bin ich nicht weit gekommen, vor allem wußte ich nicht, wie ich von dort zu einer Abweichung kommen sollte. Das einzige Andere an diesen ersten Fotos war die Tatsache, daß ich rein physisch nicht wie ein Model aussehe. Ich bin dicker und kleiner. Deshalb sah es nicht »echt« aus. Diese ersten Versuche sahen aus, als ob ich mich verzweifelt bemühen würde, hübsch zu erscheinen, oder so tun wollte, als ob ich ein Model wäre. Das war weder gut genug noch schlecht genug. Nachdem dieser Versuch also gescheitert war, habe ich diese bizarren Kostüme einfach für sich selbst sprechen lassen. Es ging mir bei dieser Serie nicht ums Häßliche. Vor zehn Jahren dagegen wollte ich ganz gezielt Häßlichkeit ausdrücken, Häßlichkeit als Schönheit. Die älteren Modefotos beziehen sich auf eine Realität realer Menschen, die versuchen, einem bestimmten Klischee zu entsprechen, aber es funktioniert leider nicht. Bei den Harper's Bazaar Fotos geht es mehr um eine kleine merkwürdige Geschichte, die nichts mit Schönheit oder anderen Bedeutungen zu tun hat. Die Charaktere wollte ich so inszenieren, daß sie weder mit Häßlichkeit noch mit Schönheit etwas zu tun haben.
WD: Welches ist dein Lieblingsfoto in dieser Serie?
CS: Ich glaube, das mit der Perücke, das Calvin Klein Foto.
WD: Warum gerade das?
CS: Es kommt dem am nächsten, was ich mit diesen Fotos wollte. Es hat eine schöne Häßlichkeit, ohne daß Schönheit oder Häßlichkeit zum Thema würden. Schau dir nur mal ihr Gesicht an. Sie sieht nicht besonders grotesk aus. Aber das Foto hat doch eine irgendwie andere, merkwürdig groteske Atmosphäre.
WD: Was haben die Leute von Harper's Bazaar erwartet?

cs: Sie haben nichts Konkretes erwartet. Ich hätte machen können, was immer ich wollte. Auch in dieser Beziehung war das Projekt eine vollkommen gegensätzliche Erfahrung zu der vor zehn Jahren. Als ich den Leuten von Harper's Bazaar zum Beispiel von meiner Idee erzählte, ein Model mit kurzem Rock zu fotografieren, das sich nach vorne beugt, so richtig sexy, aber die Unterhose hat einen rötlich braunen Fleck, waren sie begeistert.
wd: Das heißt, heute wird genau das erwartet, was vor zehn Jahren noch auf Unverständnis und Ablehnung stieß.
cs: Genau. Deshalb mußte ich mir bei diesem Projekt auch von Anfang an eine andere Strategie und ein anderes Konzept überlegen.
wd: Du hast mir mal gesagt, daß in allem, was du tust, immer ein Moment von Rebellion gegen das Normale im Spiel ist. Und daß das auch eine Haupttriebfeder deiner Arbeit ist. Hat die Arbeit an subtilen Strategien von Kontextverschiebung überhaupt noch etwas mit dieser Haltung zu tun?
cs: Ja, das glaube ich schon, denn die Arbeit mit solchen Strategien hat sich ja aus dem Prozeß heraus entwickelt, der von dieser revoltierenden Haltung angetrieben wurde. Aber wenn man heute gegen das Normale revoltiert oder besser wenn man glaubt, gegen das sogenannte Normale revoltieren zu können, dann sollte das schon von dem Bewußtsein begleitet sein, daß das, was du gestern noch als unnormal empfunden hast, schon Normalität ist, wenn du am nächsten Morgen aufwachst.
wd: Und in dem Moment, in dem man sich einbildet, wirklich etwas anderes und Abweichendes vollbracht zu haben, ist man schon mitten im Selbstbetrug.
cs: Genau damit mußt du klarkommen, wenn du etwas machen willst, das nicht einfach naiv und affirmativ ist.
wd: Wie parierst du diese Immanenzstruktur in deiner Modefotografie?
cs: Wenn ich einen kommerziellen Auftrag annehme – wie zum

Untitled #282, 1993

Beispiel für Commes des Garçons –, dann versuche ich ganz einfach, auf den spezifischen Kontext zu reagieren, mit dem ich es zu tun habe, und nehme das als eine Chance, die Grenzen dieses Produkts oder des Mediums, in dem es erscheinen soll, auszutesten.

WD: Du gehst deine Fotografie sehr bewußt ohne große Konzeptionen, Ideen oder Visionen an, eher mit einer situativen Offenheit, mit der du auf Erwartungen, Angebote, Zufälle und latente Konstellationen reagierst.

CS: Das ist richtig, ich versuche möglichst offen an eine spezifische Situation oder Aufgabe heranzugehen. Aber ich brauche mich nicht dazu zu zwingen. Ich suche sowieso immer irgend etwas, was mich anstößt und was ich noch nicht gemacht habe. Ich bringe mich gerne in eine Situation, in der ich unter Druck gerate. Ich arbeite gerne unter Druck.

Untitled #146, 1985

IV

WD: Wenn du deine Fotografie beschreibst, sprichst du oft vom Grotesken, besonders in Abgrenzung zur feministischen oder postfeministischen Kunst. Ist das Groteske eine Strategie, zu originären Bildern zu kommen, die repressive Frauenbilder brechen und Ängste, Wünsche und Selbstbestimmung freisetzen, aber auch Ideologie und jede Art der diskursiven Festschreibung bis hin zur feministischen unterlaufen?
CS: Das Groteske kann eine schön häßliche Art sein, all das anzudeuten oder freizusetzen, wie du sagst, ohne daß sich das Foto auf irgendeine angesagte Theorie festlegt, was aber nur funktioniert, wenn das Foto als Fotografie funktioniert. Und da spielen alle anderen fotografischen Mittel und jedes Detail eine Rolle. Zum Beispiel ein wenig mehr Licht in eine dunkle Ecke zu setzen, kann das narrativ Groteske des Charakters schon wieder leicht zurücknehmen, aber so, daß es dem Foto als Groteske hilft.
Aber ich glaube nicht, daß das Groteske in meiner Arbeit eine Strategie ist. Dazu kommt es einfach, wenn ich das mache, was ich gerne mache. Schon als kleines Mädchen habe ich mich gerne als Monster oder als alte Frau verkleidet. Eine bestimmte überdrehte Häßlichkeit hat mich immer schon fasziniert. Dinge, die als unattraktiv und nicht begehrenswert empfunden werden, waren für

mich besonders interessant. Und ich finde diese Dinge auch wirklich schön. Mich hat es fast schon angeekelt, wie Leute verzweifelt versuchen, sich »schön« zu machen. Ich habe immer das Gebrochene, das Nichtperfekte vorgezogen. Aber nicht aus Gleichgültigkeit. Ganz im Gegenteil. Ich versuche, in meiner Arbeit das, was als häßlich gilt, zum Ausgangspunkt einer anderen »Schönheit« zu machen, die hoffentlich nicht ganz so verlogen ist.
WD: Haben dich auch die besonders grausamen Märchen als Kind schon fasziniert?
CS: Oh ja, ich habe sie geliebt. Aber ich glaube, davon sind die meisten Kinder fasziniert. Horrormärchen können eine schöne Art sein, mit Ängsten umzugehen. Wenn die Kinder die Gehirnwäsche von Eltern und Schule hinter sich haben, dann haben sie meistens Angst vor dem Unbekannten.
WD: Die Angst vor dem Unbekannten, Verdrängten, Ausgegrenzten ist sehr oft Inhalt deiner Fotografie. In welchen Fotos bist du der anderen Seite unserer bürgerlichen Versicherungsbilder am nächsten gekommen?
CS: Der anderen Seite dieser Sicherheitsgefühle bin ich wahrscheinlich mit den »Disasters« am nächsten gekommen.
WD: An welches »Disaster« denkst du dabei zuerst?
CS: Zum Beispiel an das mit der Puppe und dem Computer. Da sieht die Puppe nicht wie eine niedliche Kinderpuppe aus, sondern wirkt ziemlich real, mitten in diesem Effekt explodierter Technik.
WD: Mir gefällt das »Disaster« No. 175 am besten.
CS: Das ist das mit den Torten und Süßigkeiten. Das ist immer noch eines meiner Lieblingsfotos. Ich wollte ein extrem süßes Bild machen, ein Bild, das so zuckersüß ist, daß es umschlägt in diesen »overkill von Süße«. Und das funktioniert immer noch ganz gut.
WD: Ich glaube, es funktioniert auch deshalb so gut, weil dieses Kotzgesicht, daß sich in der Sonnenbrille spiegelt, die ganzen Süßigkeiten als Erbrochenes erscheinen läßt. Ich sehe das Foto als ein

Bild des Gemütszustandes »zum Kotzen«, und dafür gibt es ja genug Gründe heutzutage.

CS: So kann man es auch sehen.

WD: Wie die »Centerfolds« und die »History Portraits« hat das Foto eine inversive Wirkung. Ein nur scheinbar schöner Schein schlägt um ins Gegenteil, wobei die Inversion hier über einen Abstraktionseffekt läuft. Zuerst sieht man nur eine bunte Komposition auf einer hochglänzenden Oberfläche.

CS: So wollte ich das haben. Auf den ersten Blick sieht man eine anlockende verführerische und scheinbar abstrakte Szenerie, und sobald man sich etwas mehr auf das Foto einläßt, realisiert man Desaster, Zerstörung und alle möglichen Unheil evozierenden, aber doch undeutlich bleibenden Bedeutungen.

WD: Deine Dramaturgie, stereotype Erwartungen von Erotik, Historie oder Malerei zu wecken und dann in die Falle laufen zu lassen, indem du mit Groteske konfrontierst, die sich erst dem zweiten oder dritten Blick öffnet, verwischt also auch die Bedeutungen, die sich dabei auftun könnten, oder, wie Rosalind Krauss sagt, deine Fotos kreieren Bedeutung als Verwischung.

CS: Oder was auch immer.

WD: No. 179 zum Beispiel funktioniert wie ein Vexierbild. Da ist dieser Abstraktionseffekt. Aber man kann das Foto im Blick kippen. Und dann ist der Inhalt allerdings eindeutig. Da sitzt jemand auf einer alten versifften Matratze und probiert Kondome aus.

CS: Dieses Foto habe ich für eine Aids-Auktion gemacht. Ich hatte das Gefühl, dem Thema nur gerecht werden zu können, wenn ich einen quasi erzieherischen Aspekt einbringe. Sie oder er übt hier, wie man mit Kondomen umgeht, mit penisähnlichen Früchten und Gemüsen wie Möhren, Gurken oder Bananen.

WD: In diesem Foto ist der fotografische Schein abstrakter Malerei einem eindeutigen Thema beigeordnet. In den »Molding Food« Fotos, die du anschließend gemacht hast, wird dieser Schein selbst zum Thema.

Untitled #175, 1987

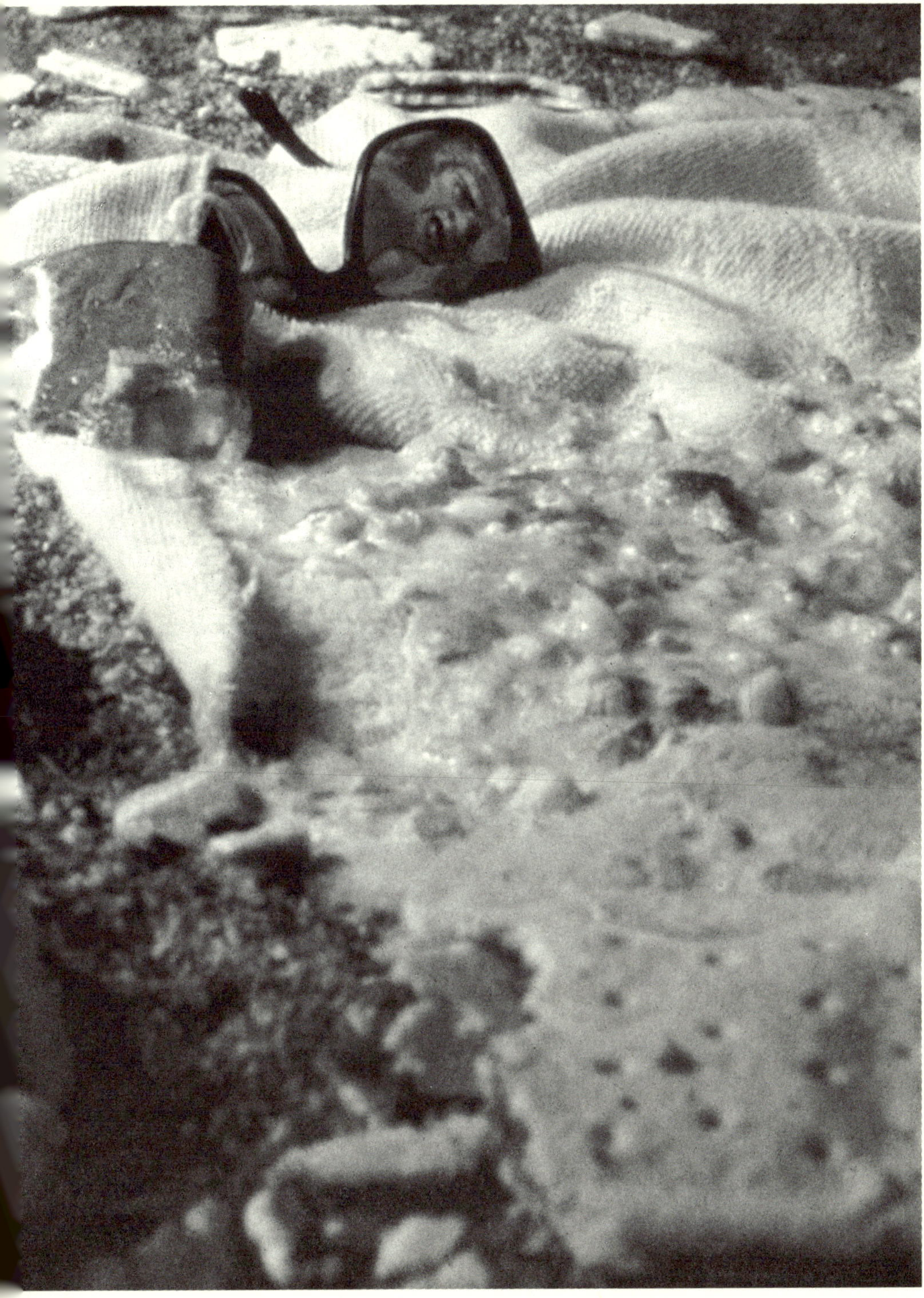

CS: Ja, die »Molding Foods« sollten diesen falschen Effekt abstrakter Malerei ausstrahlen. Ich wollte, daß sie einen penetranten Geruch expressiver Malerei vortäuschen, dann aber mit dem konfrontieren, was ich fotografiert habe, Schimmel, Blut, Erbrochenes und Verfaultes. Es geht hier in der Tat um Malerei und Abstraktion. Und sogar die Stücke zerbrochener Teller, die in einigen zu sehen sind, sind eine bewußte Referenz. Ich konnte diese männlichen Malerattitüden einfach nicht mehr sehen, dieses Macho-Genie-Spiel, das ja von Anfang an »fake« war, nicht mehr und nicht weniger als die falsche Schönheit eines Covergirls. Diese Fotos verhalten sich zur Geniemaler-Lüge, wie dieses Covergirl-Foto, das ich für ›Cosmopolitan‹ gemacht habe, ›Cosmopolitan‹ aber leider nicht als Cover gedruckt hat, sich zur Lüge perfekter Schönheit und dem damit kommunizierten Schönheitsdiktat verhält (siehe Umschlagfoto).

WD: Demystifizierend?

CS: Genau das. Aber ich hoffe, daß diese Fotos mehr sind als Negationen. Ich hoffe, daß sie auch für sich stehen können, als schöne Abstraktionen anderer Art.

WD: Ich glaube, sie können überhaupt nur Demystifizierung leisten, wenn sie für sich stehen können, wenn sie sich ohne Referenzkrücken als das, was sie sind, behaupten können, als gute Fotografien. Aber die schöne Abstraktion anderer Art hat vielleicht auch etwas mit dem Medium der Fotografie zu tun. Roland Barthes hat einmal gesagt, daß jedes Foto ko-natürlich mit seinem Referenten existiert. Das heißt, in der Fotografie läßt sich die Tatsache nicht leugnen, daß etwas gewesen ist. Dieses Gewesensein nennt er das Noema der Fotografie.

CS: Ja, eine Fotografie hat diese irgendwie hartnäckige, insistierende Qualität. Sie verweist auf etwas, das wirklich da war und wirklich passiert ist. Jedes Foto steht für sich wie jedes andere Bild, aber darüber hinaus steht es in Beziehung zur Zeit. Man kann das Vergehen der Zeit sehen. Das ist einer der Gründe, warum ich überhaupt Fotografie mache.

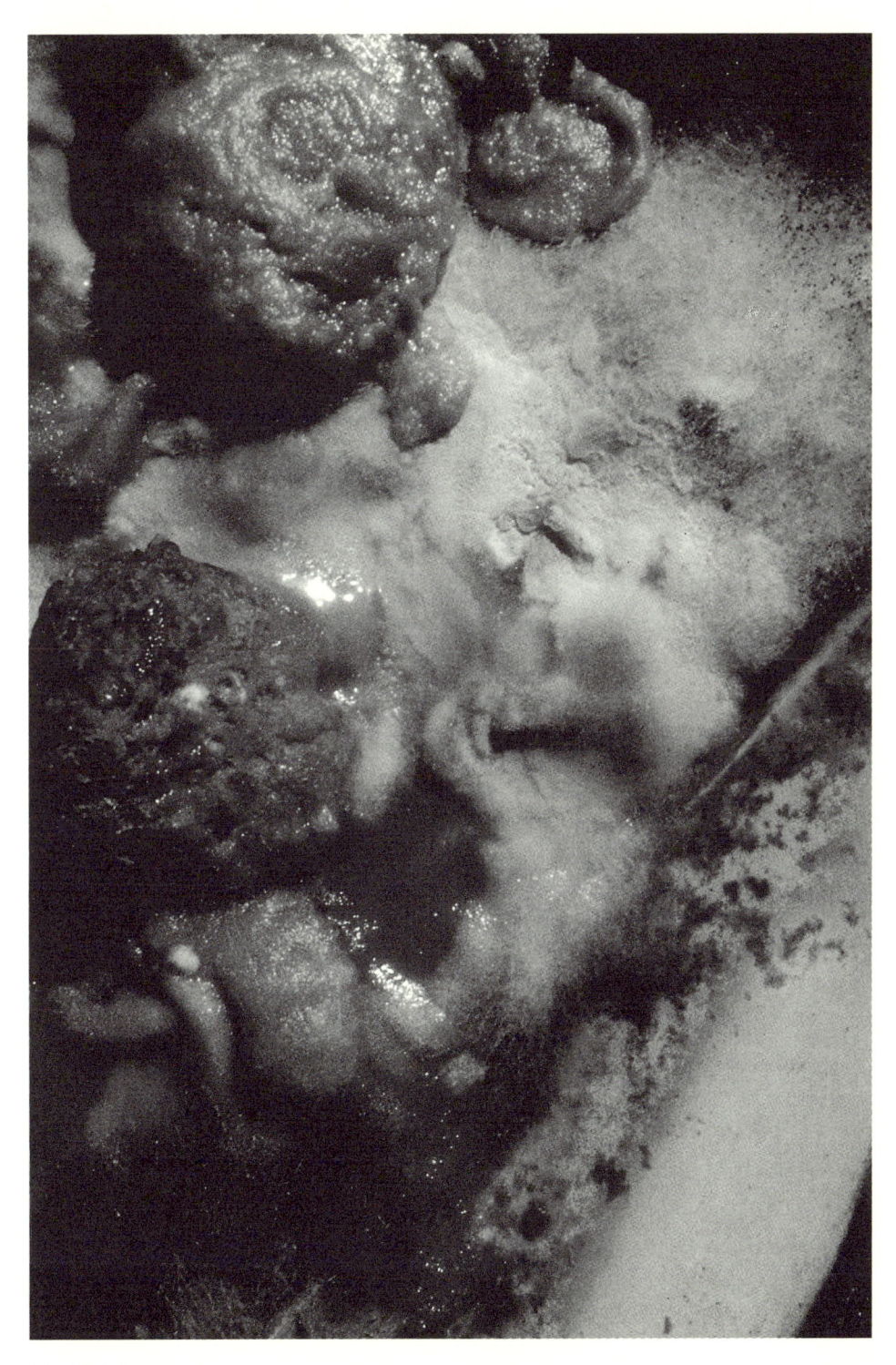

Untitled #239, 1987

WD: Fotografie als Existenzbeweis?
CS: Vielleicht, aber ich denke, das wird die Zeit zeigen.
WD: Das Noema der Fotografie wird in den Medien normalerweise dazu benutzt, Illusionen zu erzeugen, die dann als Realitäten gesehen werden oder zumindest als solche gesehen werden sollen.
CS: Ja, zum Beispiel die Fotos in den Tageszeitungen. Unzählige manipulierte Fotos gelten als Beweise für sogenannte Geschichte. In der Mode und in der Werbung ist es dasselbe. Aber das ist ein weiterer Grund, warum mich Fotografie interessiert. Ich arbeite ganz ausdrücklich mit ihrer manipulativen Seite, ja ich versuche sogar, die Manipulation ins Extrem zu treiben und ihre Grenzen zu testen und sie vielleicht auch zu überschreiten.
WD: Reizt es dich nicht, auch mit den neuen Medien zu arbeiten, die ja noch viel mehr Manipulationsmöglichkeiten haben? Obwohl Manipulation vielleicht schon das falsche Wort ist, denn es setzt Realitäten voraus, die manipuliert werden. Das ist bei den selbstreferenziellen Systemen der neuen Medien ja kaum noch der Fall.
CS: Das ist genau der Grund, warum sie mich doch nicht so sehr interessieren. Ich habe oft darüber nachgedacht, mit Computern zu arbeiten. Man hat mir sogar einmal eine komplette Ausrüstung hingestellt und mir nahegelegt, damit zu experimentieren. Aber die scheinbar unbegrenzten Möglichkeiten von Computern schrecken mich irgendwie ab. Ich brauche die Beschränkung, die die Arbeit mit realen Dingen mit sich bringt. Gerade das Unperfekte und Limitierte, das man bei der Fotografie nicht ausschließen kann, ist mir wichtig. Wenn ich mich mit Computern so gut auskennen würde, daß ich ihre Grenzen und Beschränkungen erkennen und austesten könnte, dann könnte ich vielleicht mit ihnen arbeiten. Ich möchte in der Lage sein, die Manipulationsmöglichkeiten des Mediums gegen sich selbst zu kehren. Und dazu muß man seine Grenzen kennen. Sonst besteht die Gefahr, daß man nur reproduziert, was das Medium einem nahelegt, und verspielte Illusionen produziert. Und das will ich nicht. Ich will keine Illusionen schaf-

fen, die Schein als Wirklichkeit verkaufen. Der potenzierte »fake« soll als solcher durchschaubar und sichtbar bleiben in meinen Fotos.

WD: In den »Film Stills« sieht man manchmal das Kabel des Selbstauslösers. In den »History Portraits« sind die Klebestellen der falschen Nasen, Titten und Perücken deutlich zu sehen. Und in den »Molding Foods« ist die leuchtend glänzende Oberfläche der Cibachromprints derart übertrieben, daß die Künstlichkeit als solche in den Mittelpunkt tritt. Ich habe den Eindruck, daß der »fake« in vielen deiner Fotos das Thema selbst ist und nicht nur auf der Ebene der Identitätsillusionen, sondern auch auf der Ebene der Fotografie, vor allem in ihrer Funktion als gesellschaftlich vermittelte Illusionsmaschine.

CS: Ja, es geht meistens um »fake« in meinen Fotos. Und vielleicht beziehen sie sich auch auf die Verlogenheit der fotografischen Illusionen, die in der Werbung und in den Zeitschriften aus kommerziellen, politischen oder aus welchen Gründen auch immer mehr oder weniger geschickt kaschiert werden.

WD: Ist das die politische Qualität deiner Fotos?

CS: Vielleicht, obwohl mir das fast schon zu prätentiös klingt. Ich beschäftige mich viel mit dem Politischen in der Kunst und den politischen Möglichkeiten oder Unmöglichkeiten der Kunst. Aber ich habe mich nie als politische Künstlerin verstanden. Und die meisten künstlerischen Versuche, die politisch gemeint sind, langweilen mich. Sie sind fast immer zu didaktisch und bieten mir vor allem visuell zu wenig. Manchmal braucht man nur den Titel zu lesen und schon weiß man, was gemeint sein soll. Und dafür dann all der Aufwand einer großen Rauminstallation. Warum?

WD: Ich denke, politisch gemeinte und meistens leider nur gut gemeinte Installationen haben oft etwas unangenehm Überflüssiges, weil die Arbeiten nicht aus sich heraus sagen, was gemeint ist. Ihnen fehlt eine eigene Notwendigkeit, die meiner Meinung nach dann gegeben ist, wenn das Bild – und das kann auch ein Foto oder

Untitled #179, 1987

eine Rauminstallation sein – das ist, was es zu sagen hat, denn ein Bild hat nur das zu sagen, was es ist. Aber worin könnte denn die politische Qualität eines Fotos bestehen?

CS: Ich fände es schön, wenn meine Arbeiten auf eine eher subversive Art und Weise politisch funktionieren würden. Das heißt, ein Foto, das als Einspruch gegen falsche, künstliche Wirklichkeiten funktioniert, ist für mich ein politisches Foto. Dabei geht es nicht darum, dem Publikum eine Botschaft einzuhämmern. Während ich dem Betrachter mit meiner Art von Groteske ins Gesicht springe, versuche ich gleichzeitig, diesen Schockeffekt mit Humor wieder etwas zurückzunehmen. Aber auch dieses Schockieren kann zu einer Maske werden. Ich möchte, daß meine Fotos auch auf dieser Ebene subversiv funktionieren.

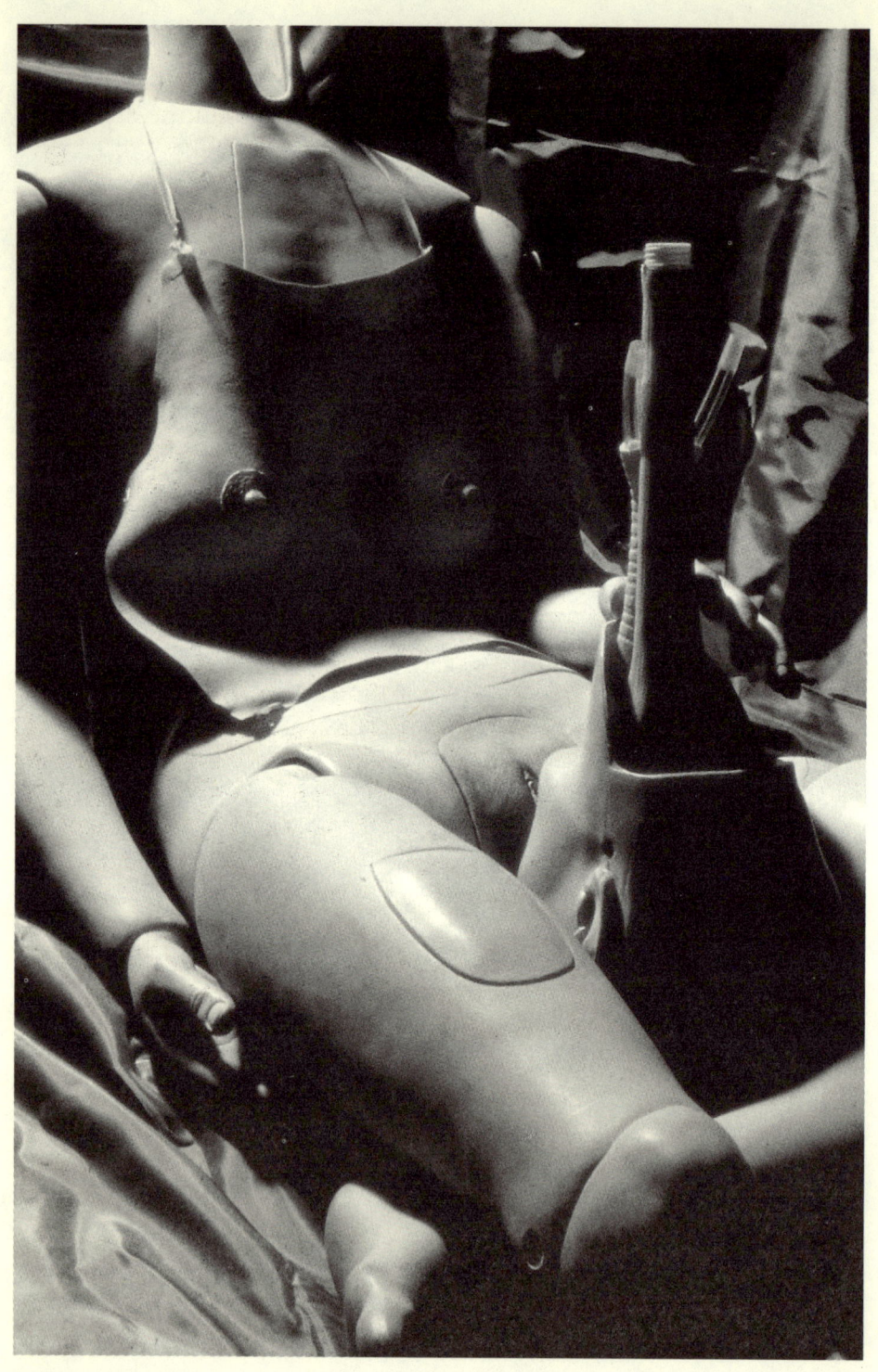

Untitled #253, 1992

V

WD: Ich würde gerne über die »Sex Pictures« sprechen. Ich bin mir nicht sicher, ob man hier überhaupt von Sexbildern sprechen kann. Hast du der Serie diesen Namen gegeben?
CS: Nein. Das ist nur der Arbeitstitel, an den ich mich gewöhnt habe. Es ist nicht der offizielle Titel. Die einzige Serie, der ich einen Titel gegeben habe, sind die »Untitled Film Stills«.
WD: Sexualität ist in deinen Fotos latent fast überall präsent. Explizites Thema war sie allerdings nie, bis zu dieser Serie aus dem Jahr 1992.
CS: Ich wollte immer schon eine Serie über Sexualität machen oder genauer über explizite Nacktheit, über den nackten Körper. Und das ist etwas ganz anderes als die falschen Titten und Ärsche, mit denen ich vorher ab und zu gearbeitet habe und die übrigens zum erstenmal in den »Fairy Tales« auftauchen. Ich hatte damals schon die Idee, Akte und verschiedene Formen von Nacktheit zu fotografieren, aber nicht mit meinem eigenen Körper.
WD: Warum nicht?
CS: Das würde die Aufmerksamkeit in die falsche Richtung lenken und einen Vouyerismus provozieren, der mich nicht interessiert. Die Leute würden denken »Ah, das ist die ›wirkliche‹ Cindy Sherman«. Abgesehen davon, daß es natürlich auch nicht die »wirk-

liche« Cindy Sherman wäre, würde es zu sehr die Illusion einer »wirklichen« Cindy Sherman erzeugen. Und Illusionsproduktion versuche ich gerade zu vermeiden. Mit mir selber ging es also nicht und mit anderen »realen« Körpern aus den selben Gründen genauso wenig.
WD: Wonach hast du gesucht?
CS: Das wußte ich selber nicht so genau. Ich wußte nur, wenn überhaupt Akte, dann mußten sie auf jeden Fall »fake« sein, ohne jede Illusion. Das Naheliegendste wäre natürlich gewesen, mit Sexpuppen und anderen Spielzeugen aus einem Sex Shop zu arbeiten. Aber ehrlich gesagt, ist mir das nie in den Sinn gekommen. Ich bin mit dem Thema noch ein paar Jahre schwanger gegangen, bis ich zufällig auf diesen Katalog für medizinische Studienartikel gestoßen bin. Da werden alle nur erdenklichen Körperteile angeboten, absolut perfekte, »naturgetreue« künstliche Körper. Gegenüber Utensilien aus Sexshops haben diese Sachen den Vorteil, daß sie nicht die geringste sexuelle Atmosphäre haben. Das sind vollkommen klinische, anti-erotische Objekte, die für medizinische Operationsübungen verwendet werden. Als ich anfing, sie vor der Kamera aufzubauen, wirkten sie einfach nur bizarr. Aber in Kombination mit erotischen Anmacheraccessoires wie seidene Reizwäsche, Strapse usw. hatten sie sofort diese groteske Qualität, die ich unbewußt immer gesucht hatte. Für sich selbst genommen, haben sie überhaupt keine Ausstrahlung. Ich mußte ihnen sexuelle Konnotationen regelrecht aufnötigen. Selbst aggressive und perverse sexuelle Phantasien waren mit ihnen kaum zu inszenieren. Es blieb immer ein Rest von klinisch neutralem Insistieren. Aber genau das war das Interessante für mich.
WD: Diese Kombination von maschinenähnlichen Körpern mit Attributen von Geilheit schafft eine Atmosphäre absolut leidenschaftsloser Nacktheit. Die Fotos konfrontieren frontal mit der Leere der Nacktheit. Man spürt die Abwesenheit von Sex und Erotik.

Untitled #250, 1992

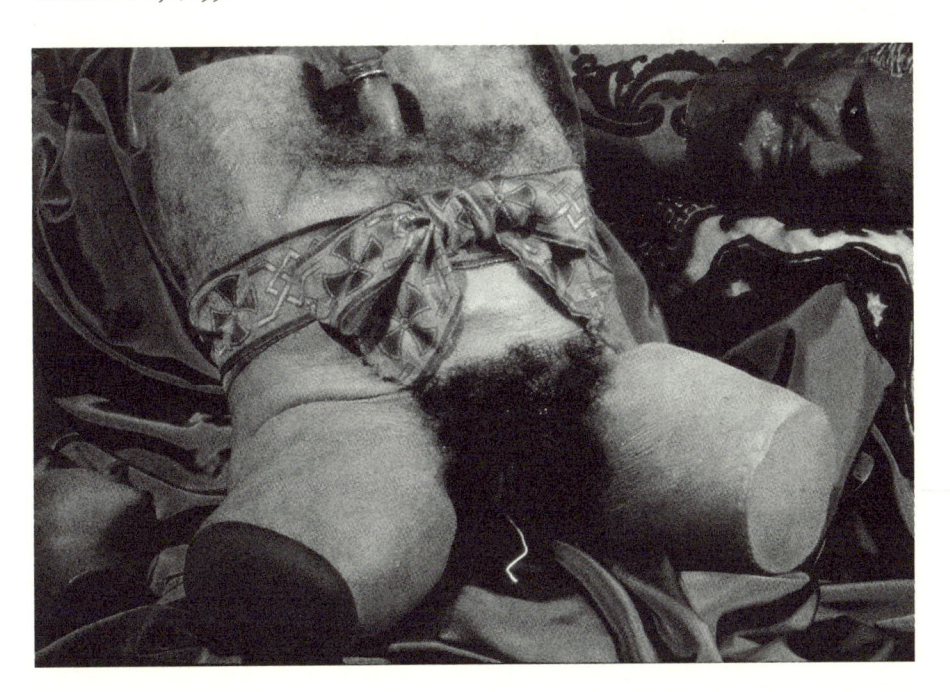

Untitled #263, 1992

cs: Ja, vielleicht repräsentieren die »Sex Pictures« eher die Abwesenheit von Sex. Aber vielleicht handeln sie auf diese Weise von Sexualität

wd: Ich denke, die Fotos umspielen die Differenz. Die Körper und die sexuellen Phantasien, mit denen sie aufgeladen werden, sind aufeinander bezogen, bleiben aber gleichzeitig äußerlich, fallen jeweils auf sich zurück. Der Blick pendelt zwischen ihnen, bekommt sie aber nicht zur Deckung. Bestenfalls kann man die Schnittstellen ins Auge fassen, die Differenz zwischen dem Körper als neutralem physischem Fakt und dem sexuellen Imaginären, das ihn normalerweise umgibt. Aber die Fotos zeigen nicht bloß die auch nur scheinbare Äußerlichkeit der sexuellen Belehnung des Körpers. Denn wenn man ihn von seiner sexuellen Aufladung trennt, kommt ja nicht der wahre, ehrliche, natürliche Körper zum Vorschein, sondern nur eine andere Aneignungsform wie zum Beispiel die humanmedizinische Reduktion oder einfach nur Körpermasken.

cs: Oder einfach nur die nackte Undurchsichtigkeit. Mir geht es auch hier nicht nur um Demaskierung von dem, was man über soziales Training in den Körper hineinsieht. Es geht mir um groteske Bilder, die alle möglichen Belehnungen anziehen und in eine Falle locken, am Ende aber auch diese Strategie wieder unterlaufen und etwas zeigen, das vielleicht nicht weiter reduziert werden kann. Das heißt, es geht ganz einfach um gute Fotos, die hoffentlich nicht ganz blind sind gegenüber der Falschheit der Dinge und Einbildungen, die sie vielleicht auch nur scheinbar zeigen.

Aber ehrlich gesagt, habe ich mich während der Arbeit an dieser Serie einfach gehen lassen. Ich habe viel herumgespielt, und das Ganze unbewußt ins Absurde laufen lassen. Hast du den Penisring gesehen?

wd: Ja, den habe ich gesehen. Der ist in dem Foto, in dem ein weibliches und ein männliches Geschlecht mit einem Seidentuch zusammengebunden sind, aber so, daß sie nie zueinander kommen können.

cs: Vor kurzem hat mich jemand darauf aufmerksam gemacht, daß ich den Ring an der falschen Stelle angebracht habe. Ich hatte keine Ahnung. Ich glaube, ich bin doch ziemlich naiv mit solchen Dingen.
wd: Vielleicht ist das einer der Gründe, warum die Abwesenheit der Sexualität hier so präzise und penetrant vor Augen tritt.
cs: Aber vielleicht ist das auch so, weil ich mit anderen Dingen nicht ganz so naiv bin.

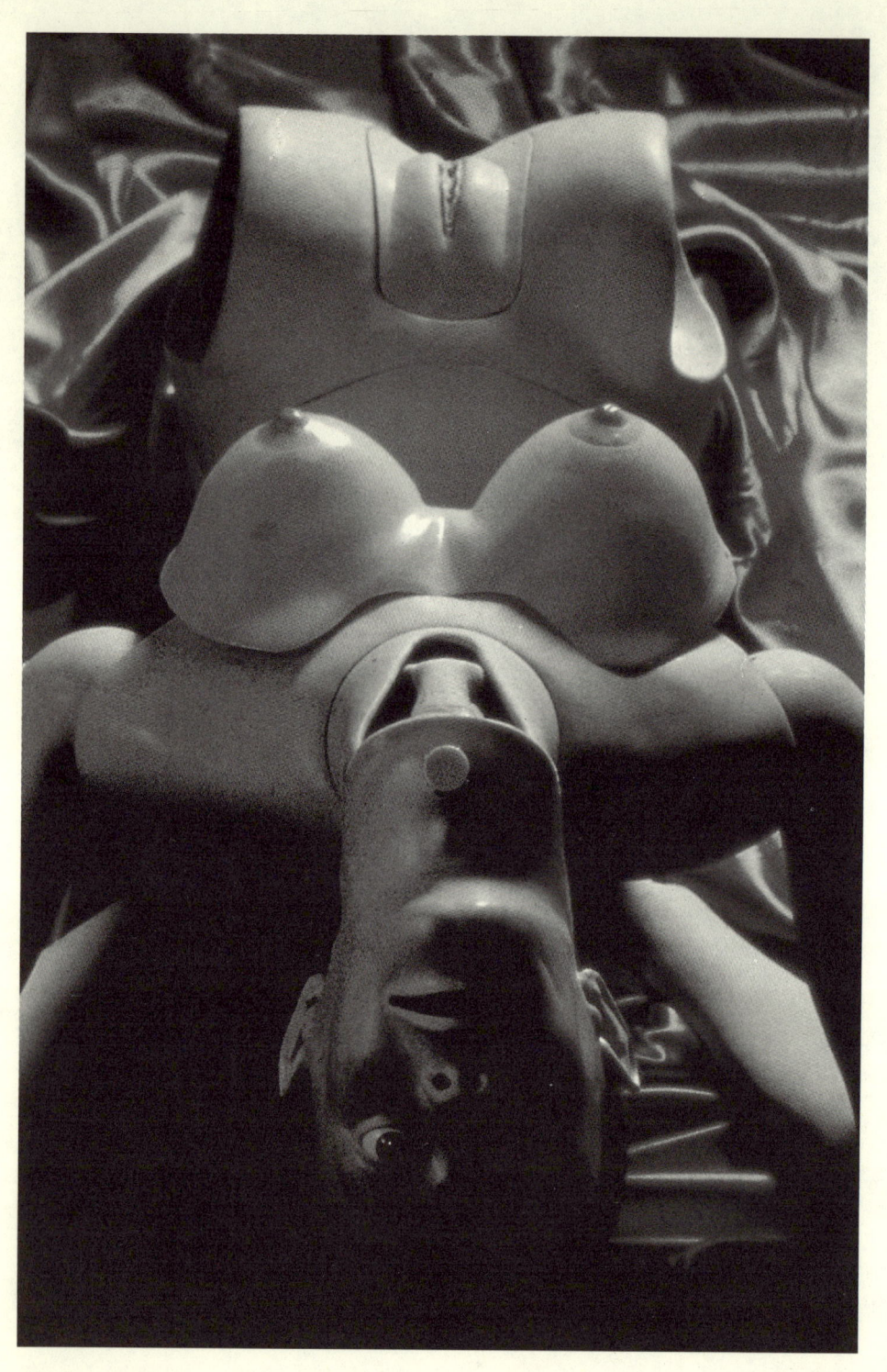

Untitled #261, 1992

VI

WD: Woran arbeitest du zur Zeit?
CS: Ich bin gefragt worden, ob ich Interesse hätte, einen Horrorfilm zu machen.
WD: Das paßt ja wie die Faust aufs Auge. Machst du es?
CS: Ja, es sieht so aus, als würde ich mich in die trendy Riege der Künstlerregisseure einreihen. Mein Produzent hat versucht, mich damit zu gewinnen, daß bisher noch keine Künstler»in« einen Film gemacht hätte. Aber das Argument hat mich nicht dazu bewegt, abgesehen davon, daß ich bislang noch nicht einmal in der Lage war, in meinem Studio auch nur eine einzige Assistentin, geschweige denn Schauspieler und eine ganze Filmcrew zu koordinieren. Das ist ja auch einer der Gründe, warum ich nach wie vor alleine arbeite. Und dann ist es natürlich für mich ganz wichtig, die Kontrolle über das zu haben, was ich mache. Das war immer mein Prinzip, und das war und bin ich nicht bereit aufzugeben. Christine (Vachon) hat mich schließlich überzeugt. Ich arbeite mit ihr am Drehbuch, und ich sage ihr, was ich wie haben will, und sie realisiert es dann mit der Crew. Und weil es eine »small budget« Produktion ist, wird auch kein Druck in Richtung Kommerzialität auf mich ausgeübt. Mit anderen Worten, ich habe totale Kontrolle. Und von Horrorfilmen erwartet man sowieso nicht allzu viel. Sollte es also daneben gehen, wäre das vollkommen in Ordnung.

WD: Du hast ja schon immer Horrorfilme geliebt. In welchem Genre hast du denn vor, dich zu bewegen? Oder willst du in die Zwischenräume der Horrorgenres gehen und sie unterlaufen, so wie du in deinen Fotos arbeitest?

CS: Das weiß ich alles noch nicht so genau. Zunächst mal habe ich mich zum erstenmal richtig intensiv mit Horrorfilmen beschäftigt. Du siehst ja all die Videos, Bücher und Hefte hier rumliegen. Ich wußte gar nicht, daß es so viele Kategorien von Horrorfilmen gibt. Ich habe unzählige gesehen, aber all die klar abgegrenzten Kategorien wie »Slasher«, »Rape/Revenge«, »Demonic«, »Sci-Fi« usw. kannte ich gar nicht. Aber um auf deine Frage zu antworten, ich will so nah wie möglich an das Klischee »Horror« herankommen. Und die Filme, die als »Horror« bezeichnet werden, sind immer die billigen Filme. Je mehr Geld in einen Film dieses Genres gesteckt wird, desto weniger möchte man ihn als Horrorfilm bezeichnet sehen. Man will ja ein großes Publikum erreichen. Zum Beispiel »Das Schweigen der Lämmer« lief unter »Thriller« oder »Alien« unter »Science Fiction«. Und »Psycho« lief unter einer respektablen Kategorie, das aber wohl weil Hitchcock als Filmkünstler gesehen wurde.

WD: Was ist denn dein Lieblingshorrorfilm?

CS: Mein Lieblingshorrorfilm aller Zeiten ist »Texas Chainsaw Massacre«. Das ist ein absolut brillianter Film. Aber auch »Henry: Portrait of a Serial Killer« ist sehr gut und ganz besonders natürlich auch »Peeping Tom«.

WD: »Peeping Tom« ist dieser Film über einen Mann, der Frauen mit einem in seiner Kamera versteckten Messer umbringt, um ihren Gesichtsausdruck im Augenblick des Todes auf Zelluloid einzufangen, was ihm aber jedesmal mißlingt, weshalb er, von dieser Idee besessen, immer mehr Frauen tötet. Und da sagst du »natürlich«. Hat das etwas mit deiner Arbeit zu tun?

CS: Na klar, siehst du nicht all die gestapelten Leichen in meinem Studio?

WD: Oh, die hätte ich fast übersehen. Ich dachte, das wären Schaufensterpuppen oder künstliche Körper und Körperteile für medizinische Operationsübungen.

CS: Siehst du, wie man sich täuschen kann.

WD: Ich will halt auch nur das sehen, was ich vielleicht auch nur glaube, sehen zu wollen, aber in Wirklichkeit gelernt habe oder mir selber antrainiert habe zu sehen. Das ist die gute alte Geschichte von der konditionierten Wahrnehmung. Hast du schon eine Geschichte für deinen Film?

CS: Ja, es geht um eine sehr sonderbare, merkwürdig verschattet sinnierende Frau, die eines Tages, eigentlich ohne Absicht, jemanden tötet, in ihrem Büro. Dieser beinahe zufällige Mord entfesselt eine andere Persönlichkeit in ihr, die immer dann jemanden tötet, wenn sie im Büro irgendwie von ihren Kollegen geärgert oder gehänselt wird. Aus den Körpern ihrer Opfer baut sie sich in ihrem Keller ein Tableau ihres idealen Büros – genau wie ich!

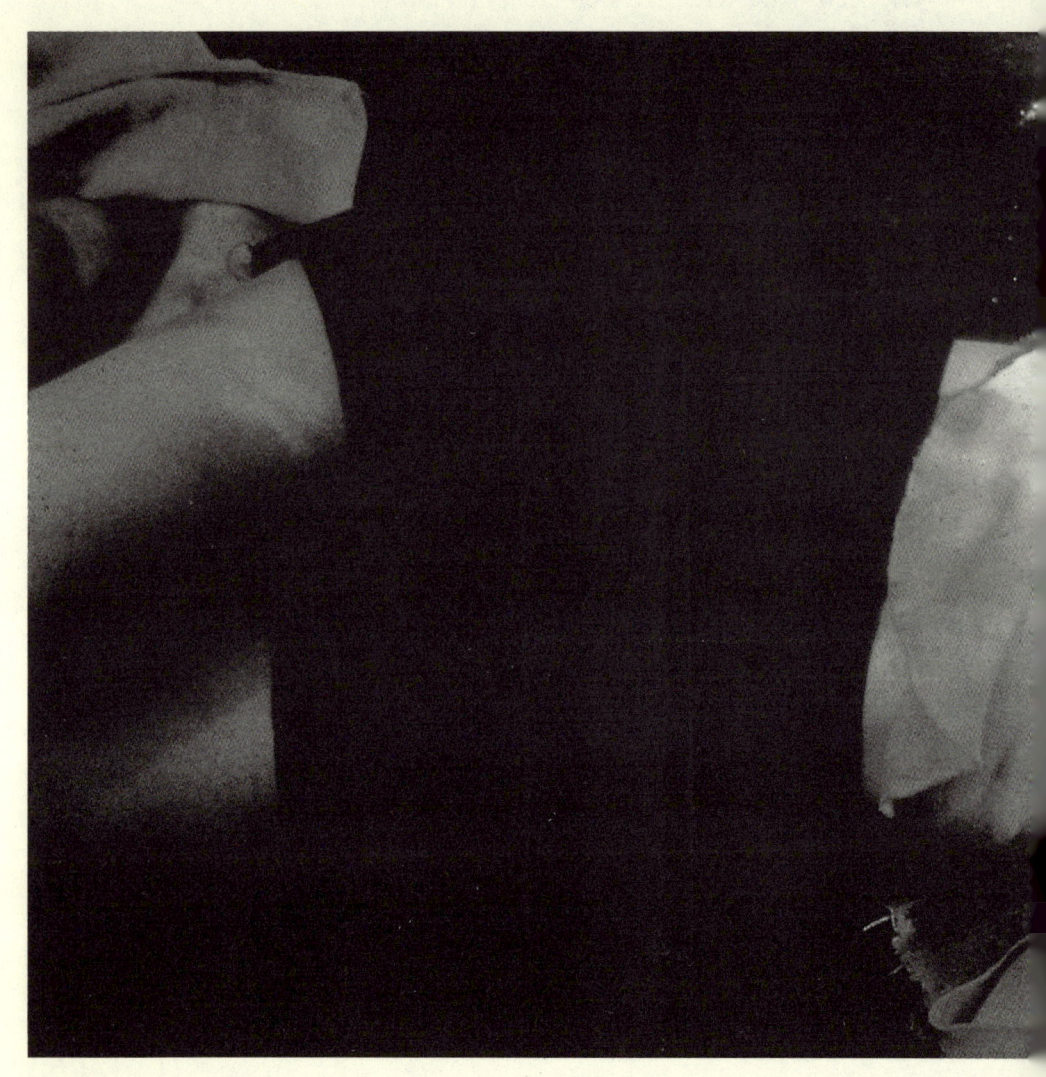

Untitled #91, 1981

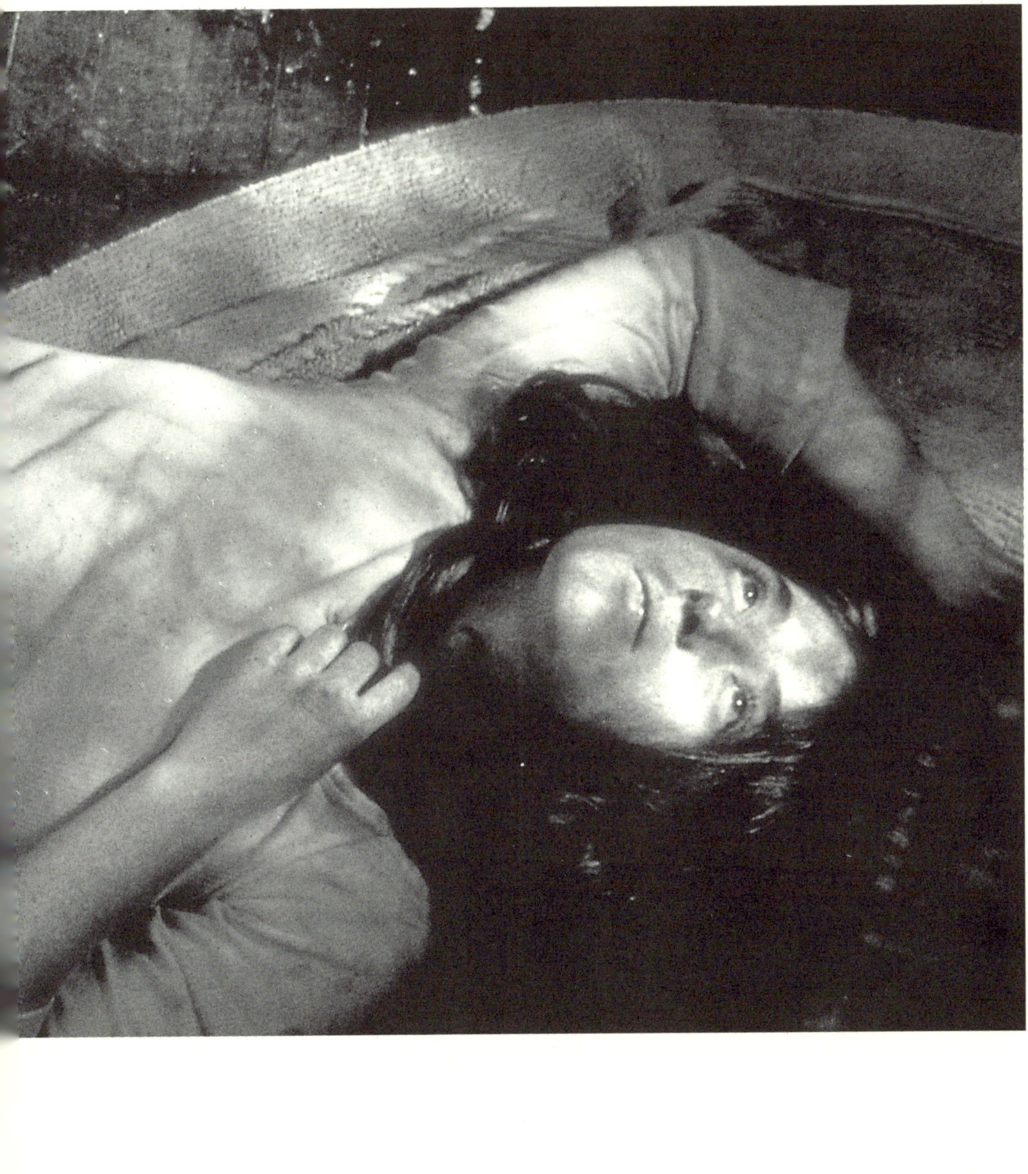

Cindy Sherman

wurde am 19. Januar 1954 in Glen Ridge, New Jersey geboren.
Studium am State University College in Buffalo, New York
Übersiedling nach New York 1977

Bibliographie (Auswahl)

Hinsichtlich der umfangreichen Sekundärliteratur verweisen wir auf die ausführliche Bibliographie in: *Cindy Sherman, Arbeiten von 1975 bis 1993*, Schirmer/Mosel München 1993

Bücher von Cindy Sherman

Cindy Sherman – Specimens. Hrsg. von Edit deAk ArTRANDOM, Kyoto Shoin International Co., Ltd., Japan 1991

Fitcher's Bird. Fotografien von Cindy Sherman, nach dem Märchen »Fitchers Vogel« der Gebrüder Grimm, Rizzoli, New York 1992

Monographien

Cindy Sherman. Mit einem Text von Els Barents. Schirmer/Mosel München und Stedelijk-Museum Amsterdamm 1982

Cindy Sherman, 2. erweiterte Auflage. Mit Texten von Els Barents und Peter Schjeldahl. Schirmer/Mosel München 1984. Englischsprachige Ausgabe mit Texten von Peter Schjeldahl und I. Michael Danoff bei Pantheon Books, New York 1984

Cindy Sherman, 3. nochmals erweiterte Auflage. Mit Texten von Els Barents und Peter Schjeldahl. Schirmer/Mosel München 1987. Englischsprachige Ausgabe mit Texten von Peter Schjeldahl und Lisa Phillips als Ausstellungskatalog des Whitney Museum of American Art, New York 1987

Cindy Sherman. Untitled Film Stills. Mit einem Text von Arthur C. Danto. Originalausgabe bei Schirmer/Mosel München 1990. Englischsprachige Ausgabe bei Rizzoli, New York, und Jonathan Cape, London 1990

Cindy Sherman. History Portraits. Mit einem Text von Arthur C. Danto. Originalausgabe bei Schirmer/Mosel München 1991. Englischsprachige Ausgabe bei Rizzoli, New York 1991

Cindy Sherman. Arbeiten von 1975 bis 1993. Mit Texten von Rosalind Krauss und Norman Bryson. Originalausgabe bei Rizzoli, New York 1993. Deutschsprachige Ausgabe (Übersetzung: Jörg Trobitius) bei Schirmer/Mosel München 1993

TV-Dokumentation

Nobody's Here But Me. 55 Min., Produktion: Cinecontact für BBC und den Arts Council of England. Regie: Mark Stokes, Produktion: Robert Mcnab. 1995

MONIKA SPRÜTH GALERIE

CINDY SHERMAN
UND
ROSEMARIE TROCKEL
PETER FISCHLI
DAVID WEISS
AXEL KASSEBÖHMER
ANDREAS SCHULZE
ANDREAS GURSKY
WALTER DAHN
JENNY HOLZER
BARBARA KRUGER
ANNETTE MESSAGER
GEORGE CONDO

WORMSER STR. 23 · D-50677 KÖLN · TEL. 0221-380415 FAX 380417

EIKON

INTERNATIONALE ZEITSCHRIFT FÜR PHOTOGRAPHIE & MEDIENKUNST

EIKON erscheint vierteljährlich und widmet sich der Präsentation von und der Auseinandersetzung mit österreichischer und internationaler Photographie, ihrer Bedeutung im Kontext der neuen Medien und der Medienkunst generell. Neben intermedialen Betrachtungsweisen geht es um inter- und transdisziplinäre Fragestellungen; ein umfangreicher Informations- und Serviceteil wird ebenfalls geboten. Zur Thematisierung von kunst-, sozial- und medienwissenschaftlichen Fragestellungen werden immer wieder Schwerpunkthefte herausgegeben. EIKON 14/15 (September 1995) beschäftigt sich mit der *Darstellung des Unvorstellbaren: Shoah und Zweiter Weltkrieg in der zeitgenössischen Photographie.*

The quarterly EIKON deals with the presentation and the discussion of Austrian and international fine art photography, with its significance concerning new media-art generally. With an intermedial approach, it addresses inter- and trans-disciplinal questions and offers various information and detailed reviews. Special attention is given to art, social and communication topics. EIKON 14/15 (september 1995) deals with *Shoah and Second World War in contemporary art photography.*

MEDIADATEN/INFORMATIONEN

Herausgeber: ÖIP / Carl Aigner
Erscheinungsweise: vierteljährlich; Umfang ca. 100 Seiten,
ca. 60 Abb. (SW, Farbe). 1 Heft ATS 190,–/DM28,–
Jahresabo (4 Hefte) ATS 420,–/DM 60,– plus Porto/Verpackung
Überweisung auf Postgirokonto. Verlag Turia & Kant, Wien.

Publication dates: quarterly; Format: ca. 100 pages, ca. 60 pictures (BW, color).
1 issue ATS 190,–/DM 28,–
Yearly price (4 issues) ATS 420,–/DM 60,– plus postage
P.S.K. transfer account. Published by Turia & Kant, Vienna.
Visa, Euro-, Mastercard
ISSN 1024-1922

Cover: EIKON *14/15, 1995, Klaus Fritsch, ohne Titel, Mauthausen 1994*

REDAKTIONSANSCHRIFT/EDITORS ADDRESS

Gumpendorfer Straße 118A/12, A-1060 Wien, Tel/Phone +43-1/597 70 88, Fax 597 70 87

PARKETT BIETET MEHR ALS BLOSS TEXTE ZUR KUNST

Abo-Informationen und Unterlagen zu den bisher erschienenen 68 Parkett-Künstlerbeiträgen und Editionen erhalten Sie bei:

PARKETT VERLAG

Rossertstrasse 16
D-60323 Frankfurt

Tel 069-17 27 79
Fax 069-17 27 70

Quellenstrasse 27
CH-8005 Zürich
Tel 41-1-271 81 40
Fax 41-1-272 43 01

PARKETT

DIE PARKETT-REIHE MIT GEGENWARTSKÜNSTLERN

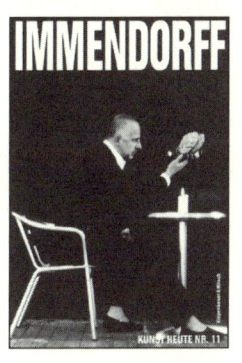

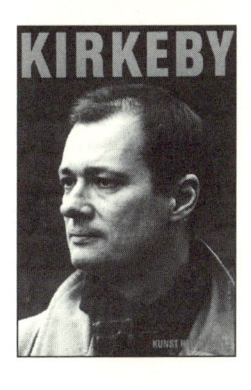

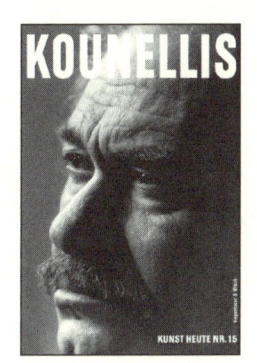

KUNST HEUTE

Gespräche mit zeitgenössischen Künstlern

Herausgegeben von
Gisela Neven Du Mont
und Wilfried Dickhoff

In Ihrer Buchhandlung:
Jeder Band DM 24,80
öS 194,- / sFr 25,80
Im Abonnement: DM 22,-
öS 172,- / sFr 23,-

Kiepenheuer & Witsch
Rondorfer Straße 5
50968 Köln
Telefon 0221/376850

COMME des GARÇONS